许倬云

从历史看管理

增补纪念版

[美]许倬云 著

从历史看组织

ORGANIZATION FROM THE VIEW OF HISTORY

SPM 南方传媒 广东人民出版社

·广州·

图书在版编目（CIP）数据

从历史看组织 /（美）许倬云著 . -- 广州 ：广东人民出版社，2025. 3 (2026. 3 重印). -- ISBN 978-7-218-18160-8

Ⅰ. D691.21

中国国家版本馆 CIP 数据核字第 2024R09E04 号

CONG LISHI KAN ZUZHI

从历史看组织

［美］许倬云　著

出 版 人：肖风华

统筹策划：肖风华
责任编辑：钱飞遥
特约策划：一道光 · 宋厚亮
文字编辑：吴　丹
责任技编：吴彦斌

出版发行：广东人民出版社
地　　址：广州市越秀区大沙头四马路10号（邮政编码：510199）
电　　话：（020）85716809（总编室）
传　　真：（020）83289585
网　　址：https://www.gdpph.com
印　　刷：广东鹏腾宇文化创新有限公司
开　　本：890 mm × 1240 mm　1/32
印　　张：9.5　　**字　　数**：170千
版　　次：2025年3月第1版
印　　次：2026年3月第2次印刷
定　　价：68.00元

如发现印装质量问题，影响阅读，请与出版社（020-87712513）联系调换。
售书热线：（020）87715147

总序

寻找中国的企业家精神

这一套书，撰写的目的，就是针对中国的企业家，提出中国管理学、经营学的观念。我意不在为中国的文化张目，而是对中国传统的经营学、管理学发展的来龙去脉有所交代。三十年前，在撰写过程中，台湾地区的经济正在起飞，当时洪建全教育文化基金会的主持人简静惠女士，约我对那些企业家做一系列的谈话，分析中国几千年来企业界如何处理自己的问题。

开宗明义，我必须先做解释：这几本书涉及的资料，几乎都在政府组织的范畴，我引用这些材料，意在讨论企业界面临的课题。管理类似治国，而不是治国；经营类似作战，而又不是作战。管理，乃编组由专业人才组成的工作团队，俾得有效的经营；经营，乃取得必须具备的信息，了解其反映的意义，驾驭形势，有效运用资源，获得最大的合理利润。管理异于治国，因为治国求安定，而企业的团队，则必须能发挥高度机动性；经营异于作战，因为作战目的在克敌制胜，而经营的目的却在赢得最大可能的同业合作和协助，开拓最多的客户与市场，博取最大盈利。经营，必须以内外“和”谐为贵，不在克“敌”求胜。经营之道，最需顺应形势，避免逆势，以致劳而无功。盼望读者朋友们体会这些观念，从这几本拙著中撷取内涵，其运用之道则在乎一心。其实，本篇序文陈述的内容，也大多是在历史上出现过，有利于当今企业发展的情势，以及中国传统企业界长期尊敬持守的行为规范。我的讨论，既不是深文高调，更不是“武林秘籍”，只是一些平常见识而已。

长久以来，学者们都以为世界的管理学和经营学是以地中海周边为起源，发展形成了一套特殊制度。欧美挟其工业革命和资本主义经济发展的威风，席卷世界市场，于是，大家以为它们那一套管理学和经营学，乃是最先进也是最完备的。然而，从历史追溯发展的途径，这一套管理学和经营学，自17世纪以后，本身经历了许多变化，现代资本主义市场经济的企业，并不是落地就拥有完美的制度。再从别处历史来看，在中世纪晚期，迄于西方力量压过伊斯兰教时，伊斯兰世界也曾拥有强大的经济实力，其商业版图笼罩地中海到印度洋，以及大半个欧亚大陆。

再从比较近代的历史来看，日本资本主义市场经济的发展，是在19世纪后期才突飞猛进的。一方面，他们从欧美学习近代企业文化；另一方面，日本的企业界也拥有一些自己的发展特色。以其中著名的案例言之，松下系统——这个庞大的企业集团，其本身的管理精神，就是将中国的儒家阳明学与佛家禅宗的精神结合，转型为松下的管理方式。他们有一个“松下塾”，经常在此机构训练自己的干部。

中国的企业发展，有两千多年的历史。在春秋时代，五霸之首齐国进行整体的改革，将封建制的管理转化为在国家体系下的专业管理。《管子》这部书，不一定是管子自己撰述的，可能是由不同的学者，将齐国发展的历程和后来的主要特色总结集合而成的。齐国的那段经验，是在庄园经济以外开拓了市场经济（原文如此。指相对自由的商品化经济——编者注），这使得齐国的国力不是仅仅立足于土地的农业生产，而是以其国民相当部分力量投入专业的生产，例如海产和盐业，以外销换取利润，支撑诸侯国的整体发展。

战国时代，列国纷争中，诸国都想要尽可能发展自己的实力，仅仅依仗土地的收入是不够的。而且因为列国本身不断开拓疆土，也开发非农资源，以此转化为财富，用来维持国家继续发展，俾得本国在列国竞争之中争取有利的地位。这些国家，是在列国体制之下发展“国际交易”。在中国广大经济网内，列国之间既有竞争，也彼此依靠，这其实和十八九世纪以后，欧美世界领导的资本主义发展形态颇有类似之处。

战国以后，秦代以及汉初，从《史记·货殖列传》和《汉书·食货志》可以看到，以城市为基础的作坊生产、运输业和零售业，都已有相当规模。活泼的经济和都市化，两者之间有惊人的关联性。举例言之，以零售熟食为业的商人，竟富可敌国，宛若今日的麦当劳。

中国经济在汉代以后，有一个长期的停滞，市场经济转化为实物经济。唐、宋时期，中国才有经济领域的巨大变化：货币代替实物，又成为交易的主要媒介。在唐代大帝国的安定环境之下，地区间的贸易交流获得强大的活力。举例言之，这个时期，为了国内货物的交流，国家设立了专门监督和管理资源流通的转运使。宋代经济特色，乃是有一些专业的榷场与作坊。这些榷场和作坊一部分是国家的专利，一部分是由国家掌管相当部分的经营，生产的货物包括钢铁、瓷器、五金用具、茶、酒类等。这些国营或半国营的企业，拥有一批专业的管理人员和技术人员。据我一位老同学郝若贝（Robert Hartwell，美国著名汉学家、历史学家）从《宋会要辑稿》中统计，当时中国的钢铁产量超过全世界总产量的一半。宋代，尤其是南宋时期，其海外贸易的收入支撑了半壁江山，居然使南宋富足繁荣百余年。这些国营企业和半官营的海上贸易，都具有利用专才的特色，其专业的知识和能力不是一般商业可以提供的。

明清时代，尤其是16世纪以后，美洲的白银流入中国，中国地区的经济，正如欧洲经济一样，因为以白银作为货币，出现所谓"价格革命"的现象，刺激经济快速发展。虽然欧洲人，尤其是西班牙、葡萄牙、荷兰、英国的人，前后掠夺美洲财富，成为最大的赢家，中国却吸收了美洲白银相当大的一部分，扩大了内需市场的规模。

明初永乐年间，郑和六次下西洋的大局，实际上已经将中国与印度洋之间的海陆交通连接成为海上的康庄大道。但永乐以后，中国采取闭关政策，不再有官方主持的海上贸易。那些"海商集团"，乃是沿海居民自己发展的私下贸易，将中国的商货转贩给欧洲商船。当时，其实已有相当数量居住在海外的中国商人，建立了国际贸易的基地，但是明廷并不鼓励，而且还将这些商人视同海寇，加以惩罚。虽然形势如此诡异，中国的企业界还是有相当程度的肆应之道。那些“海商集团”挟其白银收入，在各处设立收购商货的据点，将货物转运到港口，然后与西方商舶交易。仅白银和官方发行的铜币二者间的兑换，就是相当复杂的经济行为。在这种情况下，明代后半期出现了许多长袖善舞的大商人，他们以政府无法管制的贵金属，兑换官方发行的铜币取得厚利，再从货物的收购和转运之中一层一层地获取利润。

明代商人，以汪道昆为例，交游广阔，其经营企业的范围跨越不同行业。很多商人也都受过相当好的教育，在从事企业经营的过程之中，他们将儒家的人际关系和彼此尊重等理念灌注于企业经营的过程。明清两代，安徽的典当铺和钱庄、山西的票号，许多都是跨越数百年的大企业。除了这种以货币兑换和汇兑为专业的金融业，清代还出现了一些老字号，各自在其专业的范围之内发展规模庞大的企业。例如，丝绸布料的商号“瑞蚨祥”、制药业的“同仁堂”和几家山西的著名票号，如“日升昌”等，它们专注于经营一种事业，可是分号遍布全国。那些零售业的大商家定下的货品标准和价格，包括收购原料、产品的价格以及零售的价格，都有全国同行追随。同一行企业设立统一标准的现象，并不受政府的约束，而是由市场本身的调节得以确认和肯定的。市场经济本身的规律，可以说已经相当现代化。山西票号和安徽的钱庄，灵活地运用不同地区间的汇兑差额，以及货币的充盈或不足，将其转化为采购货物、转运、零售的机制。它们也参与国际贸易，比如北路茶叶的外销，其终点是东欧与北欧。由于票号是专家经营，世世代代通过学徒制度训练自己的职员，这些国际贸易的经验才能够达到如此高的标准。

这些“儒商精神”，在企业内表现为重视从业人员本身的企业道德，职员忠于企业，企业照顾职员的终生。它们也注重严格的考绩，以决定奖惩。它们的企业精神以“同仁堂”为典型，“同仁堂”标榜“修合无人见，存心有天知”，以自我警戒的敬业精神，坚持专业制药的水平。这些大商家都拥有庞大的财力，它们会尽力扶助中盘和各处的零售同业，编织一个同业之间的巨大网络。在网络内，同业之间遵守同样的企业精神，保证诚信和服务质量。企业界与政府之间也有互动关系。例如，清代中叶以后，凡有国家大事，都有这些大商家接下挹注的任务。江浙的商号“胡庆余堂”的主持人是“红顶商人”胡雪岩，他就曾经承担左宗棠大军的后勤业务。

清代晚期，国家把在各处征收的税收汇集到中央，再由中央分散到地方，支付全国政务费用。这一工作并不经由类似中央银行的机构处理，而常常由这些大商号执行。官商之间的关系并不是私人利益的结合，而是商家在合理的利润之下替政府完成转运的工作。这些大商家通常都会担起地方社会福利的任务，救苦济贫也是从自己的小区开始，同业之间，他们对需要帮助的同业人员，通常给予必要的援助。

中国式的儒商精神，其实比韦伯所谓的“新教伦理”并不逊色，反而更多一些人情味。这种儒商精神并不立足于对上帝的敬畏，而是建立在人对自己良心负责之上。

自19世纪末期五口通商以后，中国一步步卷入世界经济圈。今日所谓全球化的经济，其实不是20世纪突发的现象，而是自古以来逐步产生的长程演变。在最近这一个半世纪内，中国卷入世界经济。20世纪的前半段，以沿海几个大商铺为中心，中国传统的企业家与归国留学生，以及外商的买办，彼此观摩合作，逐渐形成中国式的现代企业伦理。以我自己比较熟悉的现象为例：我的故乡无锡，是中国近代纺织业与面粉业的中心。有几家无锡的企业，虽然以上海作为发展中心，但它们的分厂和分店却遍设全国。山东、湖北的企业家在发展同样的企业时，往往从无锡的同业间借才，聘用无锡的专业人员，建设他们自己的工厂。无锡荣家的起家，是由于他们能灵活使用无锡当地的“仓厅业”（米市的存积）和加工蚕丝的茧行，将本来可能闲置的资金用于开展新的机器工业。他们将学徒制度和专业的学校训练合并为一，培养了一大批有用的干部。这些地方的从业人员有一定的家庭背景，由于家庭之间彼此监督和观摩，荣家企业的干部必须遵守一定的行为规范。他们自己从业的精神以诚信为主，求利反而在其次。他们也知道怎么利用广大的人脉编组信息网，收集世界和国内的商情和市价，企业总部得以借此决定筹划长远规划和近期的政策。20世纪前半段，中国现代化的企业已经具有自己的经营特色。上海、广州、天津的华商，其经营的层级和效率都达到了世界级的水准，无须从西方学习"现代企业管理方法"。

中国现代企业的发展，自1949年以后，也划分出两条路径。台湾地区从20世纪70年代开始经济起飞，其实依仗的并不是从西方学习的经验，而是当地企业家的长期探索。一方面延续20世纪前半段在沿海商业都市发展过程中积累的经验；另一方面，台湾地区的企业界也学习日据时期日本发展现代企业的精神。二者彼此扶掖，台湾地区才能够在不到二十年的时间内迅速地完成企业的现代化。这也使得台湾地区的经济跻身于世界经济的前列。中国大陆的经济，在过去半个世纪，经历了一些波折和探索，逐渐回到市场经济应有的经营方式。今天，中国大陆经济快速发展，也取得了傲人的成绩。无可讳言，在这段发展历程中，政府的主导是重要的因素。同时，最近这二三十年来，民间自动自发经营，已经逐渐建设出一定规模的民营企业。

在这个时期，世界经济也发生了很大的转变。一方面，由于科技发展，人们开发了许多新的资源，也发明了许多新的技术，以生产新的产品；另一方面，因应全球化的需求，信息的流动促进了物资和资金之间的流动。凡此都是全新的现象，中国企业界，尤其是民营企业家这个群体，在这方面学习的速度颇为惊人。我们可以瞻见的前途是，世界的大企业，将逐渐从“一条龙”式的经营切割为分段的转包，如此形式将有利于每一个经营的环节。会有许多专业团队，在信息流动的条件下，参与物流和全球经济的不断重组。这一趋向和中国唐、宋以后出现的现象，其实相当类似。

前述明清时代大商家的经营，同行之间的互济和一层层的分包，都是常见的现象。以当时信息流通的条件，它们尽其所能，快速地将信息传递到有关单位。它们分担风险的方式，因为同行之间的互助以及跨行企业的合作，实际上也已具有共同保险的形式和精神。以上这些发展，与中国自己过去长程发展的传统相吻合，今后，大概可以很容易地蜕变为中国式的经营方式，有望在世界的企业文化中独树一帜。

我们尤须注意：中国过去建立了良好的信誉，直至20世纪的上半叶，中国商人的商誉乃是世界著名的。中国企业内部的协调和互助，以及企业与雇员之间的关系，也是出名地和谐。但在利润驱使下，某些企业只注重短期经济效益，或使用次级原料，或在制造过程中偷工减料，使得“中国制造”形象受损。中国企业界中的某些人应为此汗颜。中国品牌在全球舞台上已取得了显著成就，如何重塑“中国制造”的价值，就看中国的企业家能不能从过去汲取经验，重塑“对得起良心”的人本精神。

这几本书合在一起，写作完成距今已经二十多年了，而当时的读者对象是台湾地区的企业界。此次在中国大陆重新出版，正当中国的企业要迈开大步向前发展的阶段，谨以这篇序文，诚恳地陈述我对于中国企业界的期盼。正因为爱之深，才言之切，国人当能谅解海外中国老人的苦衷。

许倬云序于美国匹兹堡

2016年7月7日那一个不能忘记的日期

推荐序

读史之乐

每隔一段时间到纽约与女儿共同生活一阵子是我每年的计划。我知道，一向有着自己社交与工作喜好的人到异地生活时，将会是完全不同的景况。好在时间不长，而且我抱定了是与女儿一道生活，自己早早就准备着功课来做，如此在享受纽约的繁华、丰富、人文、美景之余，仍有一处自己的心灵空间可悠游。

这回我带来的功课之一是：为许倬云老师的《从历史看组织》做三校稿。许倬云教授是我大学时的老师，能追随一位有着丰富人文素养的大师是十分幸运的，三十多年来，我一直不放弃任何可向老师请益的机会。我十分尊崇许老师的为学与做人之道，尤其在做人方面，受教更多。每每在吃饭闲谈中，听老师讲历史典故，娓娓道来，以古鉴今，真可以说是直透人心，丝丝入扣。心里一直想着如何能将老师的学问推广及于更多的社会大众，而不局限于学院殿堂的研究论文。

因此，《从历史看领导》是催生成功的第一胎，而这本《从历史看组织》则是第二胎了。在纽约旅行中校看《从历史看组织》，真有恍如昨日之感。我对历史虽有偏爱，但对一个学史不成、半途而废的人来讲，看这本书的感觉真十分地流畅自在，那些过往的历史：恩怨情结、人物沧桑、战功史迹……历历呈现眼前，是如此贴近，又如此遥远；如此熟悉，又如此陌生……一些曾经在中国历史舞台上出现的人，如萧何、诸葛亮、李沖、王安石、张居正、曾国藩、李鸿章……都是中国历史上著名的智力型领导人物，他们运用本身的才华及资源去协助或开创不同层次的局面，有些人成功，有些人失败。成功失败之因，有个人，有外在，有与帝王的互动环境的因素……不一而足。今天看来真有无限感慨，但“读史”的乐趣亦尽在其中。

许老师提到，文化与政治体系的演变，有集体推动的力量，也有个人控制的层面；谈到每一个人物的功过时，许老师以一种平稳宽容的口吻叙述，有时感到欣慰，有时也感到扼腕。

许老师还谈到领袖的必备条件：领袖必须眼光远大，必须坚毅果决，必须胸襟宽广，必须公忠体国……其实这些条件，何尝不是每一个人的自许与期待。

而我也一回一回地校看，仍期待着第三胎的出现。前些日子与许老师闲谈，他曾提及一个人的性格将给自己带来不同的命运发展，历史上有许多这样的例子，我赶快抓住这个话题说："那我们可不可以再来筹划一本《从历史看命运》？"许老师大叹，一波未平，一波又起，对我这做学生的穷追不舍也只能大摇其头了。

怎么样，让我们一起期待许老师的《从历史看领导》《从历史看组织》系列的第三胎——《从历史看命运》吧！

简静惠

洪建全教育文化基金会董事长

自序

组织与制度

《从历史看组织》是另一本拙作《从历史看领导》（以下简称《领导》）的姊妹书。后者是三天讲演与讨论的记录，前者则是从四次口述转录的文字。本书比《领导》一书多了一些征引文献的原文。凡此是两书的差别。

两书的内容是互补的。《领导》一书的焦点是领导人物的作风与特征。本书着眼处则是组织的结构与其所依赖的人力与物力资源。单有人而没有组织，任何人才都没有用武之地，正如有了御者而没有车乘，御者不能驰骋。单有结构而没有资源，结构也是空的，正如有车无马，车辆也只是停置而已。

本书共十六章，从先秦到清代，每一代都找几位宰辅作为线索。这些人物，有能力，也有功劳，他们相当于今日企业的主管，主持决策及执行。不过，讨论的主题，则还是组织与制度。

每一个朝代的章节，其实都有些特定的主题。周代诸节，讨论创业时如何设计一个可以运作的规模。秦汉诸节，着眼在一个复杂组织的扩张与深化。三国与南北朝诸节，叙述一个复杂组织瓦解后的重组，尤其是重组过程中的族群融合。唐代诸节以谏诤为主题，因为决策的权力已不在宰辅手中了。宋明诸节，主题是怎样在已经成形的组织中，从内部改革，求取提高效率。清代诸节则着重在组织于转变阶段对新资源的开辟。

本书从中国古代治国的历史，汲取可供参考与咀嚼的经验。今日，民间社会拥有的资源及面临的困难，其丰富性与复杂性，均不亚于古代的政府组织凭借的资源与处理的事务。企业经营，借用太史公的譬喻，与治国及用兵都有相通之处。

而且，治大国如烹小鲜，只要是人类的组织体系，一些结构性的问题，都会涌现。本书讨论古代宰辅治国经验，也只是借譬而已。

许倬云

1997年4月4日

前言

前人经营的智慧与策略

假如我们将治国当成管理一个企业，那么中国就是一个很大的公司，延续了几千年一直在经营的公司。当然这几千年来，公司不停地改组，不停地改变结构，也不停地改变市场。我们今天讨论历史的方式，事实上是将中国政府当作一个经营模式来看。假如国家是一个公司，国家的产品是什么？国家的市场又是什么？如果国家是一个公司，政府就是管理单位，国家的产品就是对国民的服务，其中包括安全和繁荣；它的市场呢，就是全国的人口，在过去，就是全国的民众，在今天，就是国家的公民。在这样的一个结构中，如果市场对公司的管理单位不能满意，公司就会失去它的市场；当它的产品不能令人满意的时候，就有了革命或王朝的颠覆。

政府的服务包括两项：国家的安全和人民生活的繁荣安定。能不能维护国家安全，就要看政府能不能有效地保卫国家的疆土；老百姓能不能得到繁荣安定的生活，就要看政府是不是让经济有适当发展的机会，让人民有安居乐业的机会。

国家的税收是用来维持管理机构的，也可看作管理机构的收费。如果收费超过市场所能承受的负荷，市场就垮了。如果市场的负荷量和管理机构的收费间维持一种良好的平衡，市场就会一直存在，而且收入可以稳定增长，这个时候政府是有效率的，而人民也会拥护政府。从另一方面来看，如果市场扩大、市场的需求量增大，也就是国家的领土扩张、人口增加，则收入也会增加。所以古今中外的国家，常常竭尽所能地开疆辟土，希望拥有更多的人民及国土。但是这种扩张是要付出代价的：要扩张国土就要发动战争，战争需要金钱，会造成人员伤亡，也就是成本的增加及既有市场的损失。所以，一个国家扩张领土，获得领土上的人口，从长远来看似乎是有利的，但在短期市场尚未稳定之时，不免要付出相当大的代价。有时，付出的代价使政府不堪负荷，直至崩溃。

从公司经营的角度来看，如果一个经理人为了扩张市场、增加产品，而使得公司的财力不胜负荷，董事会将这个经理人罢免，可能另一个经理人就享受了新市场的开拓效应。因此，新的王朝可能享受到上一个王朝崩溃之后的利益，这种例子我们在历史上常常见到。

从这个角度讨论中国的历史，各位可以发现它和公司的经营管理是很类似的。公司要支付的成本，除了制造产品的成本，有极大部分是管理的成本。为了创造安定繁荣的条件，政府要付出极大的开支。尤其在国防上，所需的成本是相当大的。管理的成本来自怎么样建立安定的秩序，怎样减少开支、提高效率，也就是增加利润。一个文官系统（也就是管理系统），如果运作得当，则这个国家的效率提升，管理的成本也相对减少许多，累积的利润就相对增高。由上可见，治国跟经营公司是完全一样的，因此本书就是从现代企业经营的角度来看中国的历史。

如果可以找到一个经营相当长久的企业并足以借鉴，我们也就不用引用政治史了。可惜直到近代，中国并没有一个长久得足以讨论的企业史，我们只能从历代国家经营的历史借取经验，来看看前人经营的智慧与策略。因此，这本书是将国家当成一个经营单位来讨论，而不是当成一个政治单位来讨论。

目录

CONTENTS

第一章

设计管理的机密·西周

假如将领土的概念转化为市场的概念，我们可以理解为：一个大企业常常保留自己认为最有实力的市场，第二步才以一部分本钱开发新市场，并用新市场或新商品所得的利润进一步拓展新市场。很少有企业敢将自己的老本投注于新市场的开发，这一点也和周人经营王朝的方式相似。

假如我们把周王朝当成是中国第一个有规模的组织，就必须从周公说起。当然周代以前，中国并不是没有这样的组织，但是商代的历史我们知道得不够详尽，并没有足够的资料让我们进行细节的讨论。从西周开始，我们才有了比较清楚的历史资料。由西周以至后来的王朝，我们基本都可以将王权（君主的权力）当成是董事会，相权（宰相的权力）当成是经理人——CEO（Chief Executive Officer，首席执行官，公司或机构的最高行政主管）的位置来讨论。王权常常可以影响宰相的决定，但是王权并不能完全推翻宰相的决定，就像一个公司中，董事会和总经理必须是相辅相成的。在中国历史上，第一个有作为的总经理是周公，周公是武王的弟弟，武王带领着周人推翻了商朝，而周公却是这个王朝的真正缔造者，因为武王还没有来得及建立制度就死了。相权在周公的手上是相当有力量的，因为他的董事长，也就是成王，是他的侄子。到现在我们还不能完全确定，究竟是成王当时只是一个空名的董事长，还是因为信任周公，所以完全交给他去做；我们甚至不能确定周公是不是做过代理的摄政王——不过这些并不在我们的考虑之列。我们要注意的是这个公司成立的使命。王朝这样的公司并没有一个经济部的注册登记立案，它的法定地位是什么？自西周开始，中国的王权必须依靠一个法定程序，那就是天命——皇天给予的使命，也就是上天承认的统治单位，给予合法地位。

天命的继承

在西周建立之初，西周以天命作为一个宣传的借口，来说明为什么一个这样的小国能向商挑战，为什么这样的小国能统治这样大的王朝。西周在人口上、文化上、武力上，都不如它的敌手商王朝，可是居然很快就获得了胜利，理由在哪里？周人就以天命作为理由：皇天在众生之中寻找品德好、有能力的人，赐给他们天命，让他们管理天下；天命原来是在商人手里的，但商人是很差的统治者，所以皇天将原来赐给商人的天命收回。用天命为宣传的口号，使得西周的人民及士兵都很有信心去打这一场看来没有赢面的战争。他们的敌人相不相信我们不知道，但至少他们成功以后，敌人不得不相信，这便是历史上以既成事实来说明合法性。

武王故去之后，周公和召公共同辅佐朝政，二者是平行的地位，周公担任的是宰辅的职务，召公担任的是太保的职务，他们是当时最有权力的两位大臣。甚至有一种说法认为，召公管理西边原来的王畿，周公管理东边新增的领土。这样的分界，历史上无法证明。从青铜器的铭文看来，西周的国土的确有本土与新增国土的区别，却并没有西边和东边明确的分野。但召公享有充分的权力与威望，则大约无疑。在两人共同辅政期间，周公拥有先王的弟弟、今王叔父的身份，可想而知，权力是相当大的，因此也引起了他的兄弟对他的猜忌，认为他会对成王不利。有所作为的人通常会受到排挤，这是古今中外都有的事。周公当时就处于这样的环境中，所有的流言都指向周公，认为他会取成王而代之，于是召公也质问他。在《尚书》中的一篇文章《君奭》[1]中，记载了一段谈话，周公一开始就称召公的名字——“君奭”，而他们两人辩论的内容，却是关于天命降给谁。在过去许多文字，如《尚书》中的《召诰》《多士》《多方》及《诗经》

许多篇中，都提到天命是降给周的。可是，承受天命的是周王，也就是文王、武王、成王这一王系呢，还是由周人集团、周的全体来共同承担？用一个譬喻：这公司是一人无限公司呢，还是股份共有的有限公司？《君奭》篇的讨论，主要就是围绕着这个问题。

在《君奭》中，周公对召公说：上天不满意殷人的管理，于是我们周国便继承了天命（注意周公在此用的是“有周”，不是周王，而是周国、周的族人。一开始他就拿定了公司立场，而不是个人立场）。他说：我现在也不知道我们是不是能够永远维持现在的基础，不知道是否能永续经营，是否最后会有不好的结果，我不敢说。但我们既然承接了天命，就不能放弃我们的责任，我们的后代子孙一定要认认真真做事，要晓得天给我们这个责任是不容易的，要建立这个公司是不容易的。天现在给了我们的天命，天可以拿走，也可以降给别人，我小子旦没什么长处，只有追随前人作为，辅助现在年轻的君王，以接续这样的福分。君奭呀！我听说殷的开国君主成汤接受天命时有一大群辅佐的人，辅佐他的是贤臣伊尹，中兴的君王太甲也由伊尹继续辅佐，每一代都有贤良的臣子帮助接受天命的君王。统治是双轨的，并非只有王在掌权。所以商人在这样的统治下，国家运作良好。

君奭，以前上天将天命降给商人，现在商人亡国了，我们这个新邦国接下了商室未完成的任务。我们开国的文王有五位贤臣帮助他建立国家，他的作为及品德受到上天的赞赏，而得以继承天命，这是因为我们的周王也有一群贤良的臣子辅佐，所以周的天命是集体的。上天之所以降下天命，是因为这一群人良好的表现应得到肯定，天命是降给这一群人的。到了武王，仍有四个贤臣辅佐，帮助武王打败了商朝。现在到了我们这一代，我小子旦接受这个工作，为辅佐的人，和你一起，就像渡河的人，肩并肩，一同渡过这条河。这一代辅佐的人就是你我二人，情况正如过去几位君主接受天命时一样，天命降在了我们这一群人身上，你我都没有逃避责任的可能。现在我们要考虑的，是有没有人督促我们、勉励我们，在我们老去以后，我们的作为和美德还能不能让下一代继续承受上天的福分，为天下百姓做事。所以如果我们听不见别人的声音，容不下别人的批评，那么我们一定会失败。如果我们连人民的声音都听不见，我们怎么能让上天听见我们的声音呢？

整篇文章中周公就是以各种不同的例子从各种不同的角度告诉召公，要召公与他一起同心辅佐成王。天命是降在周人集团，而非周天子一人，承接天命是一个集体的行为。这种建立自己合法性的观念，是中国政治理念的重要基础。假设由今天经营的观点来看，公司的地位与合法性，完全看公司的经营是不是成功。这个责任不仅由董事长承担，也是在经营管理者（CEO）身上。天命不是降给一个独裁者的——由此可见中国的政治哲学从一开始就认为政府的任务是要让百姓过上安定繁荣的生活，如果不能做到，则这个政府就宣告破产。而经营者与管理者所要做到的事，就是让政府永续经营。一般讨论政治哲学很少讨论到天命并不是只降给一个人的，读者在电视上常常看到群臣高呼“皇上圣明”，似乎只有皇上才是天命的唯一承受者，事实上并不是如此简单。所以第一篇我特别介绍此文给读者，把这一观念告诉大家。

分封众建

周这个“公司”成立了，开始运作了，虽然后来周朝的经营模式有改变，稍后会再谈。周朝这个公司的招牌挂了八百年之久。周人天命的观念是周朝持久的因素，也就是他们自己了解，王朝的合法性是有条件的，必须老百姓接受它，天命才存在，如果老百姓不接受，王朝就失去了天命。我们再来看看管理的方式，当时距今三千年，没有电话、没有电脑、没有网络，甚至没有邮政、没有汽车，从国都到另一个地方是要花很长时间的，通常是走路，顶多驾马车。信息的传达以及市场的反馈是很缓慢的，回应市场的需求常常来不及。周王朝首都在现在的陕西关中，领土东北至北京、东南至安徽，这么大的疆域，周王朝用什么方式来管理呢？他们采取移动的策略。一个“总部”是在原有的老家，也就是发源地关中，管辖的区域，往北到达黄河的边上，往西到达今天的甘肃省东部，往南到达今天的汉中，往东走到达黄河拐弯处，也就是今天的潼关，这是它的核心地区，可以说是周人的本家。本家的经营是一个方式，因为本家都是自己人，这个市场是稳定的。

东边是它开拓的领土，这里生活着新的顾客，这群顾客包括了各式各样的人：有东方的夷人，就是山东的人；有北方的狄，就是当时居住在今天河北地区的一批人。为了经营这些不同的市场，周在当地设立了许多“分公司”。当然，在设立之初，他们挑选自己认为最能干的人，包括信任的老伙计以及自己的叔伯兄弟与亲戚，分派带队出去。每个分封的队伍分配一小块土地去经营，只要每年汇报成果，“分公司”的利润甚至不必缴回来。各个“分公司”的维持靠各自去经营。“总公司”则是一个支援的力量，而支援的总资源放在新领土的中心成周，也就是殷商的旧都附近。

换言之，老本放在本家不动，只用新赚来的钱做再投资。当一个封建诸侯分封出去时，他所带的本钱事实上相当有限：他会带一小部分周王的人，一部分商人遗留的军队，以及一部分商王朝有专业技能的人，总部给一些本钱，诸侯自己去经营新公司。诸侯在他所要经营的地方，再用经营的利润转化新的资源，作为扩张的本钱。理论上，分封的诸侯在总公司需要时，要支援总公司。总公司在东边的都城中，设立了一个总部，有时周公会带着身边的主要干部到东边总部发布命令，集合若干分公司的人力物力，支援新的分公司成立；或是当某个分公司有维持上的困难时，借用邻近几个分公司的人力物力，做到及时支援，以协助有困难的分公司渡过难关。这种管理方式是相当灵活的：在信息传达不方便的时代，派人到当地调动邻近资源，以处理当地事务，这是一个相当有效的管理网。每一个分公司有独立自主的权力，但也有责任协助总公司，维持公司整体的运营，庶几有一个可以持续运作的网络。周公带着重要干部往返东西两都的方式，一直持续了两代。当时东都也有一批职员，可能比起首都来人数较少、职位较低，在重要干部到达后，可以立刻开始执行命令。东都也设有一个仓库，用以储放各地分公司送来的物资，包括衣帛、粮食、金属等等。

近代欧洲列强侵略东方，都设立就地经营的单位。英国、荷兰的东印度公司在东方设有总部，全权处理当地的事务。欧洲帝国主义早期并没有领土野心，主要目的只是获取商业利益，政治侵略是在商业之后发生的。以上这个例子，只是说明：在早期交通不方便的时代，周王朝管理东边领土的方式实际上和近代欧洲侵略亚洲的模式是相似的。假如将领土的概念转化为市场的概念，我们可以理解为：一个大企业常常保留自己认为最有实力的市场，第二步才以一部分本钱开发新市场，并用新市场或新商品所得的利润进一步拓展新市场。很少有企业敢将自己的老本投注于新市场的开发，这一点也和周人经营王朝的方式相似。

周人要维持总公司和分公司之间的关系靠的是感情，因为所有分封出去的诸侯都是自己的兄弟或伯叔姻亲。不过最后还是出了问题。不论关系如何亲近，在很久才见一次面的情形下，感情也会淡薄。再加上各分封诸侯对当地的依赖度随着时间推移和经营成绩的增长而加深，对总公司的依赖度自然相对减轻。所以周王朝赖以经营的封建制度，只维持了一百多年就毛病百出。诸侯们在长久的独立自主之下，对本身的市场依赖度愈来愈高，总部对他们而言愈来愈不重要，于是他们纷纷要求独立。诸侯之间不时出现利益冲突，甚至不愿再拿出本身的盈余集中于东边的仓库，而降低了投注于本身市场的开拓实力。此时总部本身的市场却因愈来愈多的诸侯分封，东边封地不足，而必须分割原有王畿给新封诸侯。于是王室的实力减弱，号召力也降低，东边诸侯的实力却相对增强。这是许多百年经营的老公司，如果长久不改变经营形态就一定会发生的问题，现在周王朝就面临着这一困难。

天命的问题

这时天命的问题又出现了。周人总公司因为不断地发行新股份，每个股份持有者的利润愈来愈低，产品自然无法维持水准。在市场对产品不满的情况下，周王朝在西周末年有一百多年的动荡不安，天灾人祸外患频仍。在本钱足够时，天灾可以救济，人祸可以敉平，外患可以击退；但是在本钱不够时，却只是继续不断拿老本分给新增加的王子王孙，让他们享有利润。于是客户不见了——客户不断地缴税，不断地付款，却得不到满意的服务。因此西周晚年爆发了两次大规模的武装革命，发起革命的多是贵族及官员。但是在封建体制不变的情形下，革命于事无补，周王朝就此崩溃。

注释

1. 周公若曰："君奭！弗吊天降丧于殷，殷既坠厥命，我有周既受。我不敢知曰厥基永孚，于休。若天棐忱，我亦不敢知曰其终，出于不祥。呜呼！君已曰时我。我亦不敢宁于上帝命，弗永远念天威，越我民罔尤违，惟人。在我后嗣子孙，大弗克恭上下，遏佚前人光在家。不知天命不易，天难谌，乃其坠命，弗克经历嗣前人恭明德。在今予小子旦，非克有正，迪惟前人光施于我冲子。又曰天不可信，我道惟宁王德延，天不庸释于文王受命。"

   公曰："君奭，我闻在昔成汤既受命，时则有若伊尹，格于皇天。在太甲，时则有若保衡。在太戊，时则有若伊陟、臣扈，格于上帝；巫咸乂王家。在祖乙，时则有若巫贤。在武丁，时则有若甘盘。率惟兹有陈，保乂有殷；故殷礼陟配天，多历年所。天惟纯佑命，则商实百姓王人，罔不秉德明恤；小臣屏侯甸，矧咸奔走。惟兹惟德称，用乂厥辟。故一人有事于四方，若卜筮，罔不是孚。"

   公曰："君奭！天寿平格，保乂有殷，有殷嗣，天灭威。今汝永念，则有固命，厥乱明我新造邦。"

公曰："君奭！在昔上帝割申劝宁王之德，其集大命于厥躬。惟文王尚克修和我有夏，亦惟有若虢叔，有若闳夭，有若散宜生，有若泰颠，有若南宫括。"

又曰："无能往来，兹迪彝教，文王蔑德降于国人。亦惟纯佑秉德，迪知天威，乃惟时昭文王；迪见冒闻于上帝，惟时受有殷命哉。武王惟兹四人尚迪有禄。后暨武王诞将天威，咸刘厥敌。惟兹四人昭武王，惟冒丕单称德。今在予小子旦，若游大川，予往，暨汝奭其济。小子同未在位，诞无我责。收罔勖不及，耇造德不降，我则鸣鸟不闻，矧曰其有能格？"（《尚书·君奭》）

第二章

不同形式的管理制度・春秋战国

和而不同是经营管理相当重要的一个概念，一定要容纳多方面、多角度的意见，问题才能得到圆满的解答。

在西周王朝“倒闭”之后，诸侯纷纷独立，于是进入了多国林立的春秋战国时代。春秋战国时代，由周人分公司独立而成的小公司一时并起。

以齐国为例，它的领土原来只在今山东省境内，但在西周垮台各自独立后，齐不再顾及情面，吞并许多邻近的小国，建立了自己不算小的疆土，不但包括整个山东半岛，还延伸占有夷人的领土，大致上齐国领土是以兼并小国而建立的。当领土大到一定程度时，齐人就不能再用原来的封建制度管理国家了，而必须采用更为流线型的管理制度。于是相对于鲁国、宋国、郑国等仍然沿用旧封建制度的国家，齐国在齐桓公时代对管理制度做了一次重大的改革。齐桓公为“春秋五霸”中的第一位霸主，他手下有一个很重要的臣子管仲，管仲做到了齐国的CEO，也就是首席执行官这个位子。这一现象本身就代表了原有制度的毁灭：管仲虽然在血统上未必低贱，但是实际上他相当穷困，必须靠自己的能力一步一步往上爬。

当时齐国有许多公子一起争夺齐国君主的位子，最后由齐桓公取得，管仲则是他的对手公子纠的手下。在齐桓公取得国君地位之后，他希望找一位贤能的臣子辅佐他，这时他的一位臣子鲍叔牙，和管仲是很好的朋友，他便向齐桓公说："我认为管仲是很适当的人选，只是不知道你能不能够接纳你对手的部下。"齐桓公说："我可以接纳他，虽然他曾经差一点就把我杀了。"管仲曾经一箭射到齐桓公胸前，还好只射到了齐桓公军装的肩带。[1]尽管管仲差一点杀了齐桓公，但是齐桓公仍然用了他，因为他了解管仲是一个很有才华的人。就这样，管仲在齐桓公手下办事，成为齐桓公的CEO。他们两人之间的配合是非常密切的。齐桓公授权管仲改造齐国的管理结构，主要是制度的改革，管仲结合了管理系统和市场，将市场变成资源。管仲将全国人民分成二十一个单位（乡），其中有六个单位是不用服兵役的，他们是工商业者，专职替国家生产；另外十五个单位是农人，从事生产，同时还要服兵役。士则是国家的基层干部。管仲因此将国家分成了十五个可用的单位——它的"客户"同时也是推销者。

齐国开拓更多新市场、征伐别的国家，使得齐国不只是直辖领土广大，它所影响及指挥的疆域范围也更辽阔了。齐国成为霸主，许多小国都附属于齐，成为齐的“子公司”。就这样以客户为推销者，齐桓公一跃成为北中国实质上的统治者，无论哪一个国家发生困难，甚至徒有空名的周王朝有困难，齐国都会帮忙。齐桓公曾领着十五个单位所组成的五个军东征西讨，主要的工作是抵抗北边戎夷的侵犯和南边楚国的扩张，保存北中国的安宁。北中国变成齐国广大的市场，齐国就这样开拓了几十倍于它原有的疆土，建立了新的霸主制度，这是和过去非常不同的方式。

另外，齐国工商业者不用打仗，而成为专门的生产者：产盐、制陶、纺织等等，并生产其他所有能销售的商品。齐用全国近三分之一的人民生产商品，这是一种新的形态，与过去以农业作为国家经济的根本有很大的不同。以企业观点来解释，就是不仅开拓市场，还去找新的原料、新的生产方式，以此增加自己的资本。它雇用专事生产的人，给他们免服兵役的特权，去开发与生产商品，不但足以自给，还可供外销。在当时，齐国的食盐、盐渍品、纺织品，都是销到全中国的。就这样以人力资源开拓新领土、用经济资源扩张本钱，使得当时的北方、华夏列国都俯首臣服。这是一个崭新的经营方式。齐国的军队，也是以新方式组成的，不以贵族为兵，而以平民为兵，一户抽一兵，伤亡的人国家皆有抚恤制度。兵源扩大了，等于把客户都变成了股东。福特公司刚刚成立的时候，以自己的工人为新的市场，生产平民车种，使得工人都买得起福特的车子，这样把客户定位为自己的员工，可以说是个类似的例子。

管仲身为齐国的CEO，他的政策是减少贵族的特权，而大量起用有专长的人。他身边培养了许多有特殊才干的人，有善于作战的、有善于计划的、有善于出使的，他每推行一项政策时，都会和身边的人商量，也就是他自己组织了一个干部队伍帮助CEO。而董事长齐桓公也授予管仲充分的权力进行这些改革。此时齐国解释霸权的合法性，即是以“尊王”为口号：天降天命给周王，周王承认霸主的地位，也就是天命透过周王的承认间接地交给了霸主。这是他得到的正字商标，也因此得到了当时的独占权。

齐国的失败

在齐国称霸一代后，接替的晋国完全接受了齐国的模式，从此有了所谓的霸政。齐国失败的原因是什么呢？齐桓公如此重用管仲，但他并不给管仲贵族的地位，而给他很高的报酬，因此管仲相当富有奢华。管仲的改革也得罪了齐国贵族。而在管仲死后，又没有适当的人选接替管仲的位子。管仲原来培养了一个接班人隰朋，但是隰朋不幸早死。当管仲重病，齐桓公问谁可以接他的位子时，管仲虽不满意齐桓公的人选，认为他们都有品德上的缺点，但是自己也提不出适当的人选。因此，管仲死后，齐桓公只好任用那些专才，代替全方位的管仲，但是都不成事。齐桓公死后，五位公子没有一个被培养为可以继承王位的接班人，却个个想抢夺国君的位子。诸公子争斗，甚至齐桓公的尸体生了蛆，也没人埋。就这样，总经理和董事长这两个空缺都没有合适的接班人，齐国的霸主地位也就垮了。

由此可以知道，企业要长久经营，培养接班人是相当重要的。大部分的企业家都没想到这一点，总经理总是视副总经理为威胁，却没有想到他是将来接替自己职务的人。所以早早找好第二个总经理、第二个董事长，是值得所有企业重视的事。

贤相晏婴

虽然齐国丧失了霸主地位，但是在此之前建立的经济基础却使得齐国一直是个相当富强的国家，始终都是北中国第二大国，也是唯一可以向中原盟主晋国说“不”的国家。在齐国，内部的组织始终相当紧密。春秋后期的齐国，有一位晏婴，是山东的东夷人，出身寒微，因为才干而得到重用，曾经担任三朝国君的宰相。晏婴生活节俭，品德高洁。在《左传·昭公·昭公二十年》中有一段关于晏婴的小故事。2当时齐侯身边有一个宠臣，齐侯相当喜欢他，曾对晏婴说跟这个人很合得来，以古文讲就是“和”，晏婴回答：“那不是‘和’，是‘同’，君王说什么，他就说什么，对君王并无好处。就像我们烹饪不会盐上加盐，不会都是同一个味道，奏乐不会只用同一个音阶。我们希望菜肴有不同的味道，音乐有不同的音阶，朝中的政策也要有许多不同的意见、不同的想法，集合所有人的意见，我们才能做出最好的决策。一盘色香味俱全的好菜，一套动听的曲子，这就是‘和’。如果今天你说什么，大家都附和，这就是‘同’。大家只有一个意见，国家政策一定不会完善，所以朝中要有和而不同的人，才是君王治国之本。”和而不同是经营管理相当重要的一个概念。一定要容纳多方面、多角度的意见，问题才能得到圆满的解答。

晏婴出了名地爱才，也很尊重贤才，有一次他在街上看到一个因负债而被绑起来的人——越石父，相谈之下，晏婴发现他是很有才能的人，立刻以自己的马赎了他，并招揽到自己身边。但越石父却没有去找晏婴，晏婴也没有去拜访越石父。突然有一天，越石父表示要和晏婴绝交，晏婴相当惊讶，自己将越石父赎了出来，怎么他却表示要绝交，难道自己做了什么不礼貌的事？晏婴赶快去向越石父询问原因。越石父说：“你原初不认识我，也不知道我是有才能的人，可以不重视我，但是现在你知道我是有才能的人，却不听我有什么想法，所以我要和你绝交。”晏婴立刻请越石父上座，仔细倾听他对国家政事的见解。[3]所以使用人才是很重要的，可以不拘一格，但一定要尊重人才，也一定要有适当的礼貌。一个贤才如果不自尊自重，就未必是真正的贤才。今天有许多企业家在招募人才时所抱持的心态是“我赏你一口饭吃”，而缺乏根本的尊重，这样是招揽不到真正的贤才的。

一个污辱自己的人，不会真正为国家做事；一个污辱别人的人，亦不会真正为国家做事。

晏婴也很会以巧妙的话劝谏齐侯。一般而言，宰相要劝君王听话并不容易，要求万人之上的君主了解自己的错误，是需要技巧的。晏婴就常常会借机表达自己的意见。齐侯因为晏婴很穷，特地替他造了一栋房子，可是晏婴搬过去三天就搬回原居。齐侯很疑惑，追问晏婴原因。晏婴回答说他以前很穷苦，所以很注意物价，住在靠近市场的老宅有助于了解现在的物价。齐侯便问晏婴现在物价如何，晏婴答道："现在鞋子便宜，义肢贵。"这是因为当时齐侯重刑砍人的脚。晏婴把握机会让齐侯知道了自己的错。所以总经理要让董事长了解他自己的错误也是一门学问，顾全上司的情绪和面子，有技巧有方法地进谏，才能让他看清自己的缺点，从而改过。

主权与授权

君相之间的权力应当有明确的分隔。几乎所有的人都主张国君的主权是完整的，但是国君的主权不应该拿来在行政事务上试探。国君主权是当政府不行时，可以决定换一个执政班子。君主的主权，只能用在监督，不应直接用于行政。无论怎样锐利的刀刃，也经不起不断滥用，磨到主权本身钝了，也就没有了信用，没有了威严。所以君相之间，当有分际。不论在法令上、制度上、组织上、功能上，几乎没有一个学派主张主权的掌握者——国君直接执政，以致没有转圜的余地。从行政理论来说，上层不能干预下层，执政者应当取得清楚明白的授权，在授权范围内，上级不能干预。执行得好可以奖励，执行不当可以处罚，定期考核所作所为是否符合授权承诺、是否符合职务当有的权力，这样才有一个良好的分工。否则一个部门侵犯到另一个部门的权力，上层侵犯到下层的权力，当事人就不知道如何做事了。

中国古代法家的学者，常常讨论一个国家机器应该清楚地做好上下阶层和同阶层之间的分工；他们也讨论到如何考核，如何用专家做专门的工作。用专家做非其专长的工作，不但是浪费人才，也使得国家机器的效率降低。这些法家理论符合今天管理理论“因能授权”的原则。再来看看今天的社会，政府中人，往往学非所用，才能与职位不相符。这种情形通常是由于掌权者要证明天威不测，他有充分操纵的能力。许多人合作，能力一定比一个人强。将一个有效机器变成一个人的一言堂，公司如果这样，则一定会垮台；国家如果这样，则会内耗所有的力量，也会坐失许多时机。这是威权自用的主管所犯的毛病。

另一种情形是无能的主管怕别人能力比自己强，怕别人做得比自己好，所以只要看到一个人表现不错，就把他换掉。通常这种主管也会听信小人，喜欢阿谀奉承的人。

世界上掌握权力的人，不出以上两种情况，一种是过分能干，一人管尽天下事，结果天下事都给他一个人管，其他人都用不上，误了天下事；一种是没有能力，却忌刻有能力的人。不论是哪一种情形，在今天的现实社会都有实例。

战国时代法家的这些言论，是一个准备工作，是周朝封建制度转变到实行文官制度的最后一段路程。很有趣的是，这些理论几乎是平行的，有的是从行政面出发，有的是从理论着手，行政人员和学者都在探索着相同的方向。他们都在探索如何在竞争激烈的时代，让自己国家的人力物力发挥出最大的功效。我们知道要发挥最大功效，第一要紧的就是动用人力资源，一方面把人才放在最好的地方，另一方面减少内部的摩擦。人才的能力都用到该用的地方，而不是浪费在国家机器不必要的齿轮皮带上。因此既要有监督者，又不要监督者在发号施令之中创造额外的层次。组织里面层次不能太多，层次太多会造成命令传转过程的延缓、错误和扭曲。

凌空监督

监督者最好不是执行阶层组织里的一个层次，而是凌空的。行政和监督的两条轨道最好是分开的。往往一个监督者在一个地方待久了，就变成发号施令者，因为被监督者惧怕监督者做出对他不利的报告，自然会服从监督者的命令。以特别业务考察的方式派任，也许比长任监督更佳，这就是在中国文官制度中发挥相当重要功能的监督制度，一条评估与追踪的轨道。这个制度在西欧国家史上出现得相当晚，却是近代组织管理学上相当重要的一点。

注释

1. 初，襄公之醉杀鲁桓公，通其夫人，杀诛数不当，淫于妇人，数欺大臣，群弟恐祸及，故次弟纠奔鲁。其母鲁女也。管仲、召忽傅之。次弟小白奔莒，鲍叔傅之。小白母，卫女也，有宠于釐公。小白自少好善大夫高傒。及雍林人杀无知，议立君，高、国先阴召小白于莒。鲁闻无知死，亦发兵送公子纠，而使管仲别将兵遮莒道，射中小白带钩。小白详死，管仲使人驰报鲁。鲁送纠者行益迟，六日至齐，则小白已入，高傒立之，是为桓公。

桓公之中钩，详死以误管仲，已而载温车中驰行，亦有高、国内应，故得先入立，发兵距鲁。秋，与鲁战于干时，鲁兵败走，齐兵掩绝鲁归道。齐遗鲁书曰："子纠兄弟，弗忍诛，请鲁自杀之。召忽、管仲仇也，请得而甘心醢之。不然，将围鲁。"鲁人患之，遂杀子纠于笙渎。召忽自杀，管仲请囚。桓公之立，发兵攻鲁，心欲杀管仲。鲍叔牙曰："臣幸得从君，君竟以立。君之尊，臣无以增君。君将治齐，即高傒与叔牙足也。君且欲霸王，非管夷吾不可。夷吾所居国国重，不可失也。"于是桓公从之。乃详为召管仲欲甘心，实欲用之。管仲知之，故请往。鲍叔牙迎受管仲，及堂阜而脱桎梏，斋祓而见桓公。桓公厚礼以为大夫，任政。（《史记·齐太公世家》）

2. 齐侯至自田，晏子侍于遄台，子犹驰而造焉。公曰："唯据与我和夫！"晏子对曰："据亦同也，焉得为和？"公曰："和与同异乎？"对曰："异。和如羹焉，水、火、醯、醢、盐、梅，以烹鱼肉，燀之以薪，宰夫和之，齐之以味，济其不及，以泄其过。君子食之，以平其心。君臣亦然。君所谓可而有否焉，臣献其否以成其可。君所谓否而有可焉，臣献其可以去其否。是以政平而不干，民无争心。故《诗》曰：'亦有和羹，既戒既平。鬷嘏无言，时靡有争。'先王之济五味、和五声也，以平其心成其政也。声亦如味，一气，二体，三类，四物，五声，六律，七音，八风，九歌，以相成也。清浊，大小，短长，疾徐，哀乐，刚柔，迟速，高下，出入，周疏，以相济也。君子听之，以平其心。心平，德和。故《诗》曰：'德音不瑕。'今据不然。君所谓可，据亦曰可；君所谓否，据亦曰否。若以水济水，谁能食之？若琴瑟之专壹，谁能听之？同之不可也如是。"（《左传·昭公·昭公二十年》）

3. 越石父贤，在缧绁中。晏子出，遭之涂，解左骖赎之，载归。弗谢，入闺。久之，越石父请绝。晏子戄然，摄衣冠谢曰："婴虽不仁，免子于厄，何子求绝之速也？"石父曰："不然。吾闻君子诎于不知己而信于知己者。方吾在缧绁中，彼不知我也。夫子既已感寤而赎我，是知己；知己而无礼，固不如在缧绁之中。"晏子于是延入为上客。（《史记·管晏列传》）

第三章

中央集权的管理·秦

一个有魄力的大公司应该是广纳贤才，不能只是很机械地画一条界线，尤其不当以忠诚为选用人才的唯一尺度。

战国以后新的组织出现。秦灭六国统一天下，出现了一种新的“公司”制度，不再有分公司，而是用特派员执行总部指令。秦始皇亦自称天命，但是秦始皇的天命中没有宰相，他自己独裁所有的事；他的宰相如李斯，只是替他做秘书长的工作，秉承他的意旨，发号施令。所以这是很奇怪的组织，只有董事长，却没有总经理。秦始皇的想法是天命只降给他和他的子孙，于是这个结构很快就垮掉了。

关于秦始皇的宰相李斯，历史上有一段插曲。李斯和韩非是好友，韩非是法家相当杰出的人物，李斯怕韩非的才干为始皇赏识，挤掉他的位子，于是陷害囚禁韩非，却把韩非的书呈送始皇。这是作为一个经营者最差劲的行为，意见送上去，人才打下来，自以为可以独占高位，然而，最后的结果是，李斯也死在刑场。

重用六国人才

不过李斯还是做了一件有意义的事。秦始皇统一中国，灭了同时的列国。当时各国都有相当有经验、有能力的人才，然而秦国只愿重用本国的人才。这就像一个大公司兼并了十余个敌对的、相互竞争的公司，大公司把所有的市场、股权都握在自己手上，但是不接受所兼并公司已经培养、训练出来的人才。当时李斯给秦始皇上了一个奏议——《谏逐客书》。[1]他说，秦国把从外国来秦国访问的客卿、其他国家邀来的贤人一一驱逐出境，但秦国人身上所穿最好的衣服，驾乘所用最优秀的马，装盛所用最好的器皿，所听的音乐，却无一不是从秦以外的各处搜罗得来的，为什么独独对最有用的人才拒于千里之外？由于李斯的奏疏，秦国在当时不再放弃各国的贤才。六国之所以败于秦国，有一大部分原因是秦国能善用其他国家的人才，而别的国家不能用彼此的人才。

所以，一个有魄力的大公司应该是广纳贤才，不能只是很机械地画一条界线，尤其不当以忠诚为选用人才的唯一尺度。因为喜欢选用服从型人才的人，往往只会找到听话阿谀的庸才，而错过有能力、有骨气的人。这样的国家或公司，不会得到最有用的人帮它执行最有效的事情。有组织、有法令，却没有人去执行，是没有用的。头等能力的人执行，是头等的方式；二等能力的人执行，是二等的方式；三等能力的人执行，是三等的方式。委托三个人去执行同一件事，得来的利润可能是从盈余、不赚到亏损。李斯一辈子做了许多不应当做的事情，但是他的《谏逐客书》，真帮了秦国很大的忙。

封建到郡县

秦废封建，不要再有分封诸侯，换句话说，股东不要去吃本钱。皇帝的儿子、皇帝的亲戚不要去瓜分皇帝的土地与人民。打一个譬喻，股东可以拿红利，但是，股东不要去分割分公司，不要去分割公司整体的运作。秦朝设郡县，等于不设分公司，而是成立办事处及代理人，直接向中央负责，地方官的成绩，都是直接向中央政府报告。从封建转变到郡县制度，是中国先秦以来很多人的智慧经过好几代的努力、好几代的思考而汇总的结果。在秦始皇的时代，由李斯做了最后的工作。

秦朝的改制，对古代中国王朝结构来说，意义非常重大，影响非常久远。从此以后，中国不再有分封的制度。中央直辖地方，又必定要有层次，中国幅员广大，必须要有郡县两层，也就是今天的省、县两个层次。秦始皇时，全国有四十几个郡，上千个县。同时有一个监察机构，由中央派遣御史监督考核工作。在秦始皇的威权统治之下，所有人都是他的幕僚，没有一个人是真正的CEO。秦朝国家权力强大，但是秦朝的祚命非常短暂，因为一切事务都要靠秦始皇一个人决定。他死了以后，他旁边的人，赵高，一个宦官，伪造他的遗旨，发出最重要的命令，命令太子自杀，改立秦始皇的小儿子为帝，小皇帝的权力竟由赵高代行。换句话说，董事长的职权，被近臣篡夺了。在那种结构之下，没有一个CEO来平衡君权，也没有一个制衡君权的单位，权力的中心可以任意作为，躲在宝座后面的人可以掌握整个国家。权力集中，而掌权的人缺乏合法地位，难以有效地掌控整个国家体系，国家不能好好运作，天下为之大乱，秦朝因而崩溃。

从秦朝的情形，我们可以吸取教训：无论多好的结构，如果操作流线型机构的这个人，只以一个人的意志为意志，而缺乏制衡，那么这个机构的效率便会大打折扣。犹如我们花了一大笔的费用购置了一台电脑，但操作的人，无法了解软硬件的使用，那么，配置再好的电脑也无法发挥功用。纵观世界历史，这种事情层出不穷。许多很大的公司也只是一人班而已。华人在美国有一个很大的公司——王安电脑公司，就是王安一人创办的公司。王安离开，公司也倒闭了。这种情况在台湾地区的企业界里也不乏现成的例子。

注释

1. 臣闻吏议逐客，窃以为过矣。昔穆公求士，西取由余于戎，东得百里奚于宛，迎蹇叔于宋，来丕豹、公孙支于晋。此五子者，不产于秦，而穆公用之，并国二十，遂霸西戎。孝公用商鞅之法，移风易俗，民以殷盛，国以富强，百姓乐用，诸侯亲服，获楚、魏之师，举地千里，至今治强。惠王用张仪之计，拔三川之地，西并巴、蜀，北收上郡，南取汉中，包九夷，制鄢、郢，东据成皋之险，割膏腴之壤，遂散六国之从，使之西面事秦，功施到今。昭王得范雎，废穰侯，逐华阳，强公室，杜私门，蚕食诸侯，使秦成帝业。此四君者，皆以客之功。由此观之，客何负于秦哉！向使四君却客而不内，疏士而不用，是使国无富利之实而秦无强大之名也。

　　今陛下致昆山之玉，有随、和之宝，垂明月之珠，服太阿之剑，乘纤离之马，建翠凤之旗，树灵鼍之鼓。此数宝者，秦不生一焉，而陛下说之，何也？必秦国之所生然后可，则是夜光之璧不饰朝廷，犀象之器不为玩好，郑、卫之女不充后宫，而骏良駃騠不实外厩，江南金锡不为用，西蜀丹青不为采。所以饰后宫充下陈娱心意说耳目者，必出于秦然后可，则是宛珠之簪，傅玑之珥，阿缟之衣，锦绣之饰不进于前，而随俗雅化佳冶窈窕赵女不立于侧也。夫击瓮叩缶弹筝搏髀，而歌呼呜呜快耳目者，真秦之声也；《郑》《卫》《桑间》《昭》《虞》《武》《象》者，异国之乐也。今弃击瓮叩缶而就《郑》《卫》，退弹筝而取《昭》《虞》，若是者何也？快意当前，适观而已矣。今取人则不然。不问可否，不论曲直，非秦者去，为客者逐。然则是所重者在乎色乐珠玉，而所轻者在乎人民也。此非所以跨海内制诸侯之术也。

臣闻地广者粟多，国大者人众，兵强则士勇。是以太山不让土壤，故能成其大；河海不择细流，故能就其深；王者不却众庶，故能明其德。是以地无四方，民无异国，四时充美，鬼神降福，此五帝、三王之所以无敌也。今乃弃黔首以资敌国，却宾客以业诸侯，使天下之士退而不敢西向，裹足不入秦，此所谓“藉寇兵而赍盗粮”者也。

夫物不产于秦，可宝者多；士不产于秦，而愿忠者众。今逐客以资敌国，损民以益仇，内自虚而外树怨于诸侯，求国无危，不可得也。（《史记·李斯列传》）

第四章

开放管理的核心·汉

一个好的公司，必定有一批好的数据：它的客户在哪里？产品的成本要如何计算？如果没有这些资料，开个街角上的夫妻店还有可能，但经营大公司却不行。

要发展一个新制度，还是继续秦朝留下来的制度，汉朝解决这个问题当然也有一定的过程。在汉朝刚刚建立的时候，也有人说还要分封功臣与皇子。但实际上，汉朝有两代虽实行分封制度，实践的结果却是：先是功臣与中央的冲突，后是亲藩的叛变，以致造成许多内乱。在汉室初建时，甚至有人建议，复建六国，让六国之后人继续统治他们原有的地方，共同奉汉为皇帝。但汉高祖的谋臣，包括张良，并不同意这个办法。封建制度等同于将已成历史陈迹的东西再度拿出来，对整个政府的运作，只会造成困扰。换句话说，当年因为条件不够而设立许多分公司的制度，终于在这种情况下成为过去。张良出身秦亡六国之中韩国的贵族世家，他在参加反秦革命时，原来的目的是恢复六国，当然韩国复国是他主要的意图。但是天下已定，他打消了恢复封建的主意，认为郡县制可以维护国家安定。汉代继续维持郡县制这种直接管理的行政制度，并继续维持考核的监察制度——这两大特色始终见于中国历代王朝。

赏罚分明

汉代的早期，不能脱离一个小集团统治的色彩。许多汉高祖从前的功臣，自然而然成为高级官员。汉初两三代，丞相都是功臣之后，因为担任丞相的条件是由封侯的高官中选出。汉代侯爵非军功不封，一定是当年共同打天下的伙伴才能封侯。而列侯的子孙才能继承爵位。同样，俸禄二千石的高级官员也多为列侯。换句话说，丞相以及其他高级干部的职位都是由一个小集团垄断。历史上有一个小插曲。在汉初，局面还没有稳定的时候，有一次，汉高祖在高台上远远望见河滩上有人群聚集谈话，汉高祖问张良，这些人在干什么，张良回答说，这些人是在商量怎么反抗你。汉高祖很纳闷，这是为什么呢？张良答：这些都是帮你打天下的人，但是你封来封去都只封你的亲戚，有功之人不知道自己的位置在哪里。汉高祖问张良应如何解决，张良说：即刻分封，我们来不及考核，但是你只要封一个大家都知道他平常最恨你，你也最恨他，而这个人却是有功之臣的人，你先封他，你心目中有这样一个人吗？汉高祖说，有这样一个人，叫雍齿。张良建议立刻封雍齿为侯，一旦雍齿被封了侯，其他功臣就放心了，因为雍齿尚且封侯，又何况他们呢？

这是张良的一个小小权术，但是权术后面隐含的意义是，你要报酬人家功劳的时候，不能只顾及私人的感情，不能只顾及自己的爱好及厌恶。所以这虽然是一个计谋，但是计谋后面是赏罚分明，是公正的原则。这个原则在汉代四百年历史中有大半的时间是落实得相当好的。所有的掌权者都容易犯一个毛病，正如电视剧中的乾隆，喜欢和珅，讨厌刘罗锅。如果刘罗锅能封侯，其他人就很放心了。就是因为有一个公正的原则在，终究乾隆还是让刘罗锅担任宰相。也因此，虽然清朝到乾隆的时候开始走下坡路，但是乾隆年间基本上还是一个不差的时代。

征求民意的察举制度

汉朝初期有了一个功臣集团，决策阶层事实上还是封闭的，即使有才干的人也只能是二级干部，不能进入第一级。所以全国的郡太守，也有差不多三朝的时间是由功臣的子弟担任的。这样的政府没有全国的代表性，统治阶层和被统治阶层是截然分开的，决策阶层和执行的干部也是截然分开的。幸亏，到了汉武帝的时代有很多改变。汉朝本来有一个让天下臣民上书的习惯，让有见解的人发表自己对政府施政的意见，但是汉初并没有征召人才的制度，没有一定的名额，也不是定期举行。汉高祖未定天下的时候，他在路上碰见父老，那些岁数大、见识多的长者，向他提出一些建议。汉高祖知道民间有许多重要的意见，所以汉室有时候求贤良直言，讲错了不罚，讲对了有赏。汉朝这个征求民间意见的管道，在汉武帝的时候落实为察举制度。全国都要按照郡县人口的比例由地方推荐察举，寻找当地的人才，到地方上做事。先在地方担任掾吏部属，再逐步荐举到中央政府工作。汉代孝廉是有配额的，超过二十万人就出一个人，不到二十万人也要推荐一个人，这个办法使汉朝的政府结构有了全盘的改变。

换句话说，假如顾客也就是老百姓所需求的服务是繁荣及安定，现在有人代表客户说话了，客户也可以参加政府的运作。用企业活动做譬喻，假如有一群客户做一个集体的采购，公司就可以从采购团的代表知道这批客户想要的是什么，喜欢的是什么。汉代有了这批贤良与孝廉，他们就可能参加政策性的活动。召开宫廷会议时，皇帝及重要的大臣、各部的首长都在场，政府官员及察举出来的贤才，共同讨论政府的政策。著名的一例就是《盐铁论》。政府的官员，基于国防需要，讨论是否要打匈奴，若不打匈奴，匈奴就要打进来了。打匈奴要花多少代价？这代价要由谁来支付？值不值得？假如现有的政府经费不够支付，不免须寻找财源，以支付战争费用。政府官员说要盐铁公卖，老百姓的代表说盐和铁是日常生活需要的东西。公卖盐和铁，富人也吃那么多的盐，穷人也吃那么多的盐；富人不用铁，可是穷人要用锄头，这根本是不公平的，因为大家的负担不同。国防政策；国内的繁荣及盐铁公卖以后市场所受到的干扰；干扰之后，经济是否繁荣；人民的公平负担的原则……这些重要的课题都在《盐铁论》的辩论中出现。

《盐铁论》是否为当时辩论的完整记录，我们无从得知。但是大概离真相不太远，可能是简单的叙述，可能省略很多细节，但足以反映会议本身引起的辩论和辩论双方不同的立场。正像一个产品发布会，客户及厂商可能都要发表一些对产品的意见，坏的推销员反驳客户的意见，好的推销员则是听取客户的意见。民主政治就是要让推销员去听取客户的意见。汉武帝以后，多数官员由察举出身，也如同推销员由客户代表出身，所以汉朝本身的制度虽不是民主制度，察举制度却是政府与人民之间沟通的桥梁。这一制度，使汉朝这个大公司，赢得了四百年的祚命。因为汉朝是长治久安的时代，所以今天我们还称自己为汉人。中国之所以能成为一个长久存在的文化与政治体，汉朝的稳定是一个很重要的原因。

汉朝的丞相既不是一个独立的幕僚长，也不是一个完全的CEO。如前面所说，在朝代一开始的时候，所有的丞相都是功臣或功臣之后，是从同一个集团出来的，同质性很高。

汉代丞相

汉代丞相是朝廷的首长，所有的记录都在丞相府里边，这是汉初第一位丞相萧何的功劳。萧何原是沛县县政府的职员，相当于县长秘书一类的职务，学历不明，履历不高，却很早就能赏识刘邦，后来也帮助刘邦夺取沛县作为第一个基地。在刘邦取天下时，萧何是重要的助手，进咸阳这一收取档案资料的举动，更是刘邦能够成功的关键之一。汉军进入秦的首都咸阳的时候，萧何抓的第一件事情，不是封仓库，而是接收图册，包括地图、户籍与卷宗档案。萧何眼光远大，懂得一个能够运作的管理机器手上一定要有档案与数据。有全国地图的人，有全国人口数据的人，有税收数目的人，有全国驿站船邮网路资料的人，对全国情势就会有通盘了解。项羽没有做到这件事，汉高祖与萧何做到了。用黄仁宇先生的一句话，只有按照数目字来管理，管理系统才能运行。图册都是数目字。一个好的公司，必定有一批好的数据：它的客户在哪里？产品的成本要如何计算？如果没有这些资料，开个街角上的夫妻店还有可能，但经营大公司却不行。萧何做到的就是掌握足够的资料数据。

汉代政府相权的实力基础，就在这批数据，因为全国的资料不在宫里，反而是在相府。这是汉朝的CEO所具有的特别的权位。所以汉初的丞相可以没学问，但有实权。皇帝必定会有自己喜欢的内廷宠臣，但皇帝身在宫中；丞相代表的则是法律与秩序。汉文帝是不错的君主，开创了文景之治的局面。汉文帝有他的宠臣，但当时的丞相申屠建虽然学问及能力都不是很足够，却仍能责罚宠臣。宫中及府中财政分开，是汉朝一项很重要的原则，能将两者分开的原因，即在丞相府有保证政府运作的资料及数据。为此，虽然汉代不断地有外戚、宦官干政，但政府始终有相当程度的稳定性，也就是靠宫中与府中分开的原则。权在宫中，能在府中。

权能区分，一旦董事长委任了总经理，总经理就掌握了所有的行政权及资料数据，董事长就应该退到第二线，只掌握大政策的方向。这种权能的分野，在中国实行得非常早，同一时代的罗马没有郡县，没有宫中府中的分野，没有军人文人的分野，也没有察举制度、贤良方正共同参与讨论国是的制度。与汉代同时代的罗马公民，以最古老的贵族制度参与政治，显得原始粗糙。汉代的运作体系却是相当符合经营一个公司的原则的。

但是谁真正设计出了这一套制度呢？倒也不是任何一位丞相，而是陆续提供意见的学者们。学者之中，董仲舒是一个关键性人物。董仲舒认真地建议将权力的基础放宽下放到地方。[1]董仲舒的政府理论是天命，相信皇帝的统治是依据天命的，而天灾是人情的反应。借一个譬喻，一个公司能不能存在，能不能运作，要靠市场反应。无论是百年老店还是正字商标，客户的满意度决定了一切。百姓说不出话，老天会帮他们说话，天灾其实是人心不满的反应。天下安定的时候，天灾就是天灾；人心不满的时候，百姓纷纷议论，为天灾找理由。当天降的灾害与异象被解释为政策错误，或吏治不良……也就是人心不满的时候。同理，当公司产品好、服务好的时候，广告再烂，产品一样卖，因为这时是产品在替公司说话。当一个公司被骂广告烂、广告骗人的时候，也就是产品不行了。董仲舒的阴阳感应其实就是讲市场效应，而市场效应取决于人心之向背，人心则取决于对政府服务的满意度。于是在董仲舒的理论中，天命王权的源头完全取决于人民的意见，天象不过是个反应，真正起决定作用的是人民。就企业经营来说，市场的竞争完全靠产品，再好的宣传、再好的包装、再古老的招牌都没用，只有产品本身的品质才是核心。关于汉代的郡县制，贾谊的《治安策》是重要文献，他主张设郡县，反对封建。[2]贾谊预测的灾害，在七国之乱时应验。

财政问题

汉代的财政问题，也值得注意。国家寻求收入，正如经营企业，必须有可靠的运作资金。当时工商业并不发达，国家运作资金全来自人民，要如何从百姓身上获得足够的税收，而百姓不造反？也正如同如何让客户心甘情愿购买产品。企业盼望客户有购买力、盼望客户富有，假如我是银行，我希望客户把钱存在我这里，当然也希望把我的钱借给他，在他赚钱之后把赚来的钱又存放在我这里。基本上汉朝的经济政策就是以此为基础，讲究藏富于民，人民有钱就是国家有钱。如果政府将民间财富都搜刮光了，国家也就穷了。因此，汉代的财政理论，注重不扰民。

汉代的基本政策是“重农务本”与“藏富于民”，但是二者也有冲突的可能。例如在货币政策方面，如果富人掌握了货币发行特权，包括农民在内的小民百姓就难免吃亏。在汉文帝十二年贾谊上书[3]，就谈到要藏富于民，货币要由政府自己铸。汉代有一段时期，特许铸币权交给封君与宠臣。贾谊认为民间铸钱会使得货币没有信用，造成通货膨胀，百姓就穷了。在经济学上，货币是靠信用，不是靠本身的价值，政府发行货币，应维持货币的稳定性，使得老百姓的财富可以长久地保值。由重农到铸钱的讨论，可知汉代的政策是让人民维持安定的生活。

汉代的北边，有一个强大的游牧帝国匈奴，汉朝政府既须防卫边疆，又须顾及国家庞大的军备负担，如何在两者之间求取最经济而又有效的方法，也是汉朝政府必须面对的难题。《资治通鉴》卷十五记载，晁错在汉文帝十一及十二年，曾两次建言[4,5]，可以在边疆上建立专业的防卫力量，以国家公地放领的方式，吸引一批人志愿在边疆守卫，并且可以自己耕种养活自己——这是军事屯田。同时，奖励商人运送粮食物资到边疆，以达到降低防卫边疆成本的功效。这种策略，是创造条件，不花本钱，使人民志愿为国家做事。但是要让这批人能安心地屯田居住，政府也必须先下一点本钱建镇、盖房子、派医生，让屯田户可以安安心心地过日子。

组织改革

我们在生产产品的过程中，要想尽办法利用非经济因素，刺激动机，降低成本，提高工人工作的意愿。工作意愿强了，积极性高了，产品的品质、专业性都能提高，附加值就增加了。以非经济因素降低经济成本，今天企业的生产也常采取这个策略，只是汉人早就明了了。

汉朝政府的组织改革及上述各种政策，都相当于改造公司结构及生产程序的大工程。早期周朝的分公司是单一产品单一生产方式的结构。汉朝改变为高度整合的公司结构，公司的干部也高度专业化。这些受过训练的贤良方正，算得上高度专业的文官。贾谊与晁错都是以专业的能力提出建议，促使公司的生产方式多元化，运用多种不同的方法，以最低的成本提供最好品质的服务，并继续不断收集顾客的意见，使得客户与产品之间一直保持着互动。这一结构性改组工作，花了将近一百年的时间，其后又沿用了三百年之久。汉代的改革相当有效，因为这一结构能不断地自我调节。汉代的文官制度，实现了选用专才组织决策阶层，理性地接纳消费者的意见，理性地分析消费者的需求，理性地考虑如何降低成本和提高品质。假如今天有任何公司能做到这样的标准，这个公司一定是成功的。在今天自由市场经济的环境下，以美国为例，公司的股票一上市，股权分散，董事会就由股东推选产生。当然董事会与经营者分开，经营者一定是专业的管理人员，也才会有这么大的弹性。

但任何制度都会出问题，汉朝的问题出在董事会和总经理之间的冲突。皇帝常常不甘心于放权，君权与相权难免发生冲突，而君权亦往往落在外戚与宦官手里。换句话说，董事会总是要侵犯总经理的职权。因此，两汉都有外戚和宦官干政，东汉尤其严重。汉朝有内廷与外廷的分别。内廷的权力越来越大，以至于汉亡。

另一问题，则是东汉改变相权结构。东汉有三公——司徒、司马、司空，形成三头政治，这三位主政者之间没有一个居领导地位，也就是没有一个真正的总经理，而是有三个总经理。东汉一直不安定，就是因为制度上发生了这样一个改变。权臣也会夺取君权，例如王莽，他原来出自内廷，夺得丞相的权力后，实际上王权相权合而为一。他只为自己谋权力，等于公司有一个贪污的、滥用权力的总经理，自己富了，但公司瘦了。今天美国许多总经理常犯这样的毛病，将自己的薪资提高到天文数字，不顾公司的利润，吃垮了这家公司就换一家。这就是如果在总经理和董事长之间不能取得平衡，专业的经营者也会有不忠诚的情况。

制衡的作用

在台湾地区，这样的情形目前并不多见，因为台湾地区的公司董事会多半掌握在创办人或是他的儿女手里，所以还没有到这个地步。但这个危机一直存在，所以董事长与总经理两者之间的制衡是很不容易做到的，即使像汉朝这么稳定的结构，也依然出了许多乱子。如果企业能有高度的专业性和健全的组织结构，就可以使专业人才得以发挥矫正的功能，这恐怕是唯一可以防止出乱子的力量。但是专业人员要有一定的职业道德，否则也是没用的。如果把汉朝当作一个公司，中国的王朝公司已经成形而且整合成了一个良好的组织结构。汉朝存在了四百年，终究还是有许多问题。最后的问题出在专业人才的来源不像过去那样广泛了，干部不断拉拔自己的人，察举的途径被少数人垄断。所谓“世代三公”，即一家人代代担任高层职务。可是哪有可能世代都出贤人？这都是因为郡县有一些大家族，永远察举保荐自己人。换句话说，客户的代表不再能反映客户的意见，只能反映客户代表的意见，代表控制了底下客户的意见，而代表的利益永远优于客户。

这样的组织结构，在表面上依然是高度专业化的，人才也经过一样的教育、选拔与升迁过程，但是人才来源由原本的三四千万人，缩小至几百户。东汉政府设立的吸纳意见管道，最后只代表不到千分之一的少数获利阶层的意见。所以到公元180年左右，老百姓就起来造反了，黄巾起义的口号是天命改易，不在汉室了。汉朝不再能提供安定的生活，西羌与匈奴都不时入侵，大家大户压迫老百姓，政府部门的人员都是贪官污吏。国家大学的学生看着政府错误百出，却不能改变，于是出而抗议，最后，汉朝垮了。这个四百年的老公司就因为没有跟客户做一个直接良好的沟通，同样的组织、结构，没办法产生同样的自我调节的功能，在层层官僚系统中，人人拦截收来的税收自肥，成本提得非常高，产品却非常差，公司当然非垮不可。所以在公司中如果每个人都只为自己的利益，那么短时间内个人有好处，长时间公司一定会垮台。一个改组完成的汉朝，却因为老化而崩溃。

注释

1. 制曰：盖闻虞舜之时，游于岩郎之上，垂拱无为，而天下太平。周文王至于日昃不暇食，而宇内亦治。夫帝王之道，岂不同条共贯与？何逸劳之殊也！

盖俭者不造玄黄旌旗之饰。及至周室，设两观，乘大路，朱干玉戚，八佾陈于庭，而颂声兴。夫帝王之道岂异指哉？或曰：良玉不瑑，又曰：非文无以辅德，二端异焉。

殷人执五刑以督奸，伤肌肤以惩恶。成康不式，四十余年天下不犯，囹圄空虚。秦国用之，死者甚众，刑者相望，耗矣哀哉！

乌虖！朕夙寤晨兴，惟前帝王之宪，永思所以奉至尊，章洪业，皆在力本任贤。今朕亲耕籍田，以为农先。劝孝弟，崇有德，使者冠盖相望。问勤劳，恤孤独，尽思极神，功烈休德，未始云获也。今阴阳错缪，氛气充塞，群生寡遂，黎民未济，廉耻贸乱，贤不肖浑淆，未得其真，故详延特起之士，意庶几乎？今子大夫待诏百有余人，或道世务而未济，稽诸上古而不同，考之于今而难行。毋乃牵于文系而不得骋与？将所由异术，所闻殊方与？各悉对，著于篇，毋讳有司，明其指略，切磋究之，以称朕意。

仲舒对曰：

臣闻尧受命，以天下为忧，而未以位为乐也。故诛逐乱臣，务求贤圣，是以得舜、禹、稷、契、咎繇。众圣辅德，贤能佐职，教化大行，天下和洽，万民皆安仁乐谊，各得其宜，动作应礼，从容中道。故孔子曰："如有王者，必世而后仁。"此之谓也。尧在位七十载，乃逊于位以禅虞舜。尧崩，天下不归尧子丹朱，而归舜。舜知不可避，乃即天下之位，以禹为相，因尧之辅佐，继其统业，是以垂拱无为而天下治。孔子曰："《韶》尽美矣，又尽善也。"此之谓也。至于殷纣，逆天暴物，杀戮贤知，残贼百姓。伯夷、太公，皆当世贤者，隐处而不为臣。守职之人，皆奔走逃亡，入于河海。天下秏乱，万民不安，故天下去殷而从周。文王顺天理物，师用贤圣，是以闳夭、太颠、散宜生等亦聚于朝廷。爱施兆民，天下归之，故太公起海滨而即三公也。当此之时，纣尚在上，尊卑昏乱，百姓散亡。故文王悼痛而欲安之，是以日昃而不暇食也。孔子作《春秋》，先正王而系万事，见素王之文焉，由此观之，帝王之条贯同，然而劳逸异者，所遇之时异也。孔子曰："《武》尽美矣，未尽善也。"此之谓也。

臣闻制度文采玄黄之饰，所以明尊卑，异贵贱，而劝有德也。故《春秋》受命所先制者，改正朔，易服色，所以应天也。然则宫室旌旗之制，有法而然者也，故孔子曰："奢则不逊，俭则固。"俭，非圣人之中制也。臣闻良玉不瑑，资质润美，不待刻瑑。此亡异于达巷党人，不学而自知也。然则常玉不瑑，不成文章，君子不学，不成其德。

臣闻圣王之治天下也，少则习之学，长则材诸位，爵禄以养其德，刑罚以威其恶，故民晓于礼谊而耻犯其上。武王行大谊，平残贼，周公作礼乐以文之，至于成、康之隆，囹圄空虚四十余年。此亦教化之渐而仁谊之流，非独伤肌肤之效也。至秦则不然，师申、商之法，行韩非之说，憎帝王之道，以贪狼为俗，非有文德以教训于天下也。诛名而不察实，为善者不必免而犯恶者未必刑也。是以百官皆饰虚辞而不顾实，外有事君之礼，内有背上之心，造伪饰诈，趣利无耻。又好用憯酷之吏，赋敛亡度，竭民财力，百姓散亡，不得从耕织之业，群盗并起。是以刑者甚众，死者相望，而奸不息，俗化使然也。故孔子曰："导之以政，齐之以刑，民免而无耻。"此之谓也。

今陛下并有天下，海内莫不率服，广览兼听，极群下之知，尽天下之美，至德昭然，施于方外，夜郎、康居，殊方万里，说德归谊，此太平之致也。然而功不加于百姓者，殆王心未加焉。曾子曰："尊其所闻，则高明矣；行其所知，则光大矣。高明光大，不在于它，在乎加之意而已。"愿陛下因用所闻，设诚于内而致行之，则三王何异哉！

陛下亲耕籍田，以为农先，夙寤晨兴，忧劳万民，思惟往古，而务以求贤，此亦尧、舜之用心也。然而未云获者，士素不厉也。夫不素养士而欲求贤，譬犹不瑑玉而求文采也。故养士之大者，莫大乎太学。太学者，贤士之所关也，教化之本原也。今以一郡、一国之众对，亡应书者，是王道往往而绝也。臣愿陛下兴太学，置明师，以养天下之士，数考问以尽其材，则英俊宜可得矣。今之郡守、县令，民之师帅，所使承流而宣化也；故师帅不贤，则主德不宣，恩泽不流。今吏既亡教训于下，或不承用主上之法，暴虐百姓，与奸为市，贫穷孤弱，冤苦失职，甚不称陛下之意；是以阴阳错缪，氛气充塞，群生寡遂，黎民未济，皆长吏不明，使至于此也！

夫长吏多出于郎中、中郎、吏二千石子弟，选郎吏又以富訾，未必贤也。且古所谓功者，以任官称职为差，非谓积日累久也。故小材虽累日，不离于小官，贤材虽未久，不害为辅佐，是以有司竭力尽知，务治其业而以赴功。今则不然。累日以取贵，积久以致官，是以廉耻贸乱，贤不肖浑淆，未得其真。臣愚以为使诸列侯、郡守、二千石各择其吏民之贤者，岁贡各二人以给宿卫，且以观大臣之能；所贡贤者，有赏，所贡不肖者，有罚。夫如是，诸吏二千石皆尽心于求贤，天下之士可得而官使也。遍得天下之贤人，则三王之盛易为，而尧、舜之名可及也。毋以日月为功，实试贤能为上，量材而授官，录德而定位，则廉耻殊路，贤不肖异处矣！陛下加惠，宽臣之罪，令勿牵制于文，使得切磋究之，臣敢不尽愚！（董仲舒《对贤良策二》）

2. 上疏曰："臣窃惟今之事势，可为痛哭者一，可为流涕者二，可为长太息者六；若其他背理而伤道者，难遍以疏举。进言者皆曰：'天下已安已治矣'，臣独以为未也；曰安且治者，非愚则谀，皆非事实知治乱之体者也。夫抱火厝之积薪之下而寝其上，火未及然，因谓之安；方今之势，何以异此！陛下何不壹令臣得孰数之于前，因陈治安之策，试详择焉！

使为治，劳志虑，苦身体，乏钟鼓之乐，勿为可也；乐与今同，而加之诸侯轨道，兵革不动，匈奴宾服，百姓素朴，生为明帝，没为明神，名誉之美垂于无穷，使顾成之庙称为太宗，上配太祖，与汉亡极，立经陈纪，为万世法；虽有愚幼、不肖之嗣，犹得蒙业而安。以陛下之明达，因使少知治体者得佐下风，致此非难也。

夫树国固必相疑之势，下数被其殃，上数爽其忧，甚非所以安上而全下也。今或亲弟谋为东帝，亲兄之子西乡而击；今吴又见告矣。

天子春秋鼎盛，行义未过，德泽有加焉，犹尚如是；况莫大诸侯，权力且十此者虖！

然而天下少安，何也？大国之王幼弱未壮，汉之所置傅、相方握其事。数年之后，诸侯之王大抵皆冠，血气方刚；汉之傅、相称病而赐罢，彼自丞、尉以上遍置私人；如此，有异淮南、济北之为邪！此时而欲为治安，虽尧、舜不治。

黄帝曰：‘日中必熭，操刀必割。’今令此道顺而全安甚易，不肯蚤为，已乃堕骨肉之属而抗刭之，岂有异秦之季世虖！其异姓负强而动者，汉已幸而胜之矣，又不易其所以然；同姓袭是迹而动，既有征矣，其势尽又复然。殃祸之变，未知所移，明帝处之尚不能以安，后世将如之何！

臣窃迹前事，大抵强者先反。长沙乃二万五千户耳，功少而最完，势疏而最忠；非独性异人也，亦形势然也。曩令樊、郦、绛、灌据数十城而王，今虽以残亡可也；令信、越之伦列为彻侯而居，虽至今存可也。然则天下之大计可知已；欲诸王之皆忠附，则莫若令如长沙王；欲臣子勿菹醢，则莫若令如樊、郦等；欲天下之治安，莫若众建诸侯而少其力。力少则易使以义，国小则亡邪心。令海内之势，如身之使臂，臂之使指，莫不制从，诸侯之君不敢有异心，辐凑并进而归命天下。割地定制，令齐、赵、楚各为若干国，使悼惠王、幽王、元王之子孙毕以次各受祖之分地，地尽而止；其分地众而子孙少者，建以为国，空而置之，须其子孙生者举使君之；一寸之地，一人之众，天子亡所利焉，诚以定治而已。如此，则卧赤子天下之上而安，植遗腹，朝委裘，而天下不乱；当时大治，后世诵圣。壹动而五业附，陛下谁惮而久不为此！

天下之势方病大瘇，一胫之大几如要，一指之大几如股，平居不可屈伸，一二指搐，身虑无聊。失今不治，必为锢疾，后虽有扁鹊，不能为已。病非徒瘇也，又苦跋盭。元王之子，帝之从弟也；今之王者，从弟之子也。惠王之子，亲兄子也；今之王者，兄子之子也。亲者或亡分地以安天下，疏者或制大权以逼天子，臣故曰非徒病瘇也，又苦跋盭。可痛哭者，此病是也。

天下之势方倒县。凡天子者，天下之首。何也？上也。蛮夷者，天下之足。何也？下也。今匈奴嫚侮侵掠，至不敬也；而汉岁致金絮采缯以奉之。足反居上，首顾居下，倒县如此，莫之能解，犹为国有人乎？可为流涕者此也。

今不猎猛敌而猎田彘，不搏反寇而搏畜菟，玩细娱而不图大患，德可远加而直数百里外，威令不胜，可为流涕者此也。

今庶人屋壁得为帝服，倡优下贱得为后饰；且帝之身自衣皁绨，而富民墙屋被文绣；天子之后以缘其领，庶人孽妾以缘其履；此臣所谓舛也。夫百人作之不能衣一人，欲天下亡寒，胡可得也；一人耕之，十人聚而食之，欲天下亡饥，不可得也；饥寒切于民之肌肤，欲其亡为奸邪，不可得也。可为长太息者此也。

商君遗礼义，弃仁恩，并心于进取；行之二岁，秦俗日败。故秦人家富子壮则出分，家贫子壮则出赘；借父耰鉏，虑有德色；母取箕帚，立而谇语；抱哺其子，与公并倨；妇姑不相说，则反唇而相稽；其慈子、耆利，不同禽兽者亡几耳。今其遗风余俗，犹尚未改，弃礼义，捐廉耻日甚，可谓月异而岁不同矣。逐利不耳，虑非顾行也；今其甚者杀父兄矣。而大臣特以簿书不报、期会之间以为大故，至于俗流失，世坏败，因恬而不知怪，虑不动于耳目，以为是适然耳。夫移风易俗，使天下回心而乡道，类非俗吏之所能为也。俗吏之所务，在于刀笔、筐箧而不知大体。陛下又不自忧，窃为陛下惜之！岂如今定经制，令君君臣臣，上下有差，父子六亲各得其宜！此业壹定，世世常安，而后有所持循矣；若夫经制不定，是犹渡江河亡维楫，中流而遇风波，船必覆矣。可为长太息者此也。

夏、殷、周为天子皆数十世，秦为天子二世而亡。人性不甚相远也，何三代之君有道之长而秦无道之暴也？其故可知也。古之王者，太子乃生，固举以礼，有司齐肃端冕，见之南郊，过阙则下，过庙则趋，故自为赤子而教固已行矣。孩提有识，三公、三少明孝仁礼义以道习之，逐去邪人，不使见恶行，于是皆选天下之端士、孝弟博闻有道术者以卫翼之，使与太子居处出入。故太子乃生而见正事，闻正言，行正道，左右前后皆正人也。夫习与正人居之不能毋正，犹生长于齐不能不齐言也；习与不正人居之不能毋不正，犹生长于楚之地不能不楚言也。孔子曰：‘少成若天性，习惯如自然。’习与智长，故切而不愧；化与心成，故中道若性。夫三代之所以长久者，以其辅翼太子有此具也。及秦而不然，使赵高傅胡亥而教之狱，所习者非斩、劓人，则夷人之三族也。胡亥今日即位而明日射人，忠谏者谓之诽谤，深计者谓之妖言，其视杀人若艾草菅然。岂惟胡亥之性恶哉？彼其所以道之者非其理故也。鄙谚曰：'前车覆，后车诫。'秦世之所以亟绝者，其辙迹可见也；然而不避，是后车又将覆也。天下之命，县于太子，太子之善，在于早谕教与选左右。夫心未滥而先谕教，则化易成也；开于道术智谊之指，则教之力也；若其服习积贯，则左右而已。夫胡、粤之人，生而同声，嗜欲不异；及其长而成俗，累数译而不能相通，有虽死而不相为者，则教习然也。臣故曰选左右、早谕教最急。夫教得而左右正，则太子正矣，太子正而天下定矣。书曰：'一人有庆，兆民赖之。'此时务也。

凡人之智，能见已然，不能见将然。夫礼者禁于将然之前而法者禁于已然之后，是故法之所为用易见而礼之所为生难知也。若夫庆赏以劝善，刑罚以惩恶，先王执此之政，坚如金石；行此之令，信如四时；据此之公，无私如天地；岂顾不用哉？然而曰礼云、礼云者，贵绝恶于未萌而起教于微眇，使民日迁善、远罪而不自知也。孔子曰：'听讼，吾犹人也；必也使毋讼乎。'为人主计者，莫如先审取舍，取舍之极定于内而安危之萌应于外矣。秦王之欲尊宗庙而安子孙，与汤、武同；然而汤、武广大其德行，六七百岁而弗失，秦王治天下十余岁则大败。此亡他故矣，汤、武之定取舍审而秦王之定取舍不审矣。夫天下，大器也；今人之置器，置诸安处则安，置诸危处则危。天下之情，与器无以异，在天子之所置之。汤、武置天下于仁、义、礼、乐，累子孙数十世，此天下所共闻也；秦王置天下于法令、刑罚，祸几及身，子孙诛绝，此天下之所共见也；是非其明效大验邪！人之言曰：'听言之道，必以其事观之，则言者莫敢妄言。'今或言礼谊之不如法令，教化之不如刑罚，人主胡不引殷、周、秦事以观之也！人主之尊譬如堂，群臣如陛，众庶如地。故陛九级上，廉远地，则堂高；陛无级，廉近地，则堂卑。高者难攀，卑者易陵，理势然也。故古者圣王制为等列，内有公、卿、大夫、士，外有公、侯、伯、子、男，然后有官师，小吏，延及庶人，等级分明而天下加焉，故其尊不可及也。

里谚曰：‘欲投鼠而忌器。’此善谕也。鼠近于器，尚惮不投，恐伤其器，况于贵臣之近主乎！廉耻节礼以治君子，故有赐死而无戮辱。是以黥、劓之罪不及大夫，以其离主上不远也；礼不敢齿君之路马，蹴其刍者有罚，所以为主上豫远不敬也。今自王、侯、三公之贵，皆天子之所改容而礼之也，古天子之所谓伯父、伯舅也；而令与众庶同黥、劓、髡、刖、笞、㐶、弃市之法，然则堂不无陛虖！被戮辱者不泰迫虖！廉耻不行，大臣无乃握重权、大官而有徒隶无耻之心虖！夫望夷之事，二世见当以重法者，投鼠而不忌器之习也。臣闻之：履虽鲜不加于枕，冠虽敝不以苴履。夫尝已在贵宠之位，天子改容而礼貌之矣，吏民尝俯伏以敬畏之矣；今而有过，帝令废之可也，退之可也，赐之死可也，灭之可也；若夫束缚之、系緤之，输之司寇，编之徒官，司寇小吏詈骂而榜笞之，殆非所以令众庶见也。夫卑贱者习知尊贵者之一旦吾亦乃可以加此也，非所以尊尊、贵贵之化也。古者大臣有坐不廉而废者，不谓不廉，曰‘簠簋不饰’；坐污秽淫乱、男女无别者，不曰污秽，曰‘帷薄不修’；坐罢软不胜任者，不谓罢软，曰：‘下官不职’。故贵大臣定有其罪矣，犹未斥然正以呼之也，尚迁就而为之讳也。故其在大谴、大何之域者，闻谴、何则白冠氂缨，盘水加剑，造请室而请罪耳，上不执缚系引而行也。其有中罪者，闻命而自弛，上不使人颈盭而加也。其有大罪者，闻命则北面再拜，跪而自裁；上不使人捽抑而刑之也，曰：‘子大夫自有过耳，吾遇子有礼矣。’遇之有礼，故群臣自憙；婴以廉耻，故人矜节行。上设廉耻、礼义以遇其臣，而臣不以节行报其上者，则非人类也。故化成俗定，则为人臣者皆顾行而忘利，守节而伏义，故可以托不御之权，可以寄六尺之孤，此厉廉耻、行礼义之所致也，主上何丧焉！此之不为而顾彼之久行，故曰可为长太息者此也。”（贾谊《治安策》）

3. 癸卯晦，日有食之。诏：“群臣悉思朕之过失及知见之所不及，匄以启告朕。及举贤良、方正、能直言极谏者，以匡朕之不逮。”因各敕以职任，务省繇费以便民，罢卫将军。太仆见马遗财足，馀皆以给传置。

颍阴侯骑贾山，上书言治乱之道曰："臣闻雷霆之所击，无不摧折者；万钧之所压，无不糜灭者。今人主之威，非特雷霆也；执重，非特万钧也。开道而求谏，和颜色而受之，用其言而显其身，士犹恐惧而不敢自尽；又况于纵欲恣暴、恶闻其过乎！震之以威，压之以重，虽有尧、舜之智，孟贲之勇，岂有不摧折者哉！如此，则人主不得闻其过，社稷危矣。

昔者周盖千八百国，以九州之民，养千八百国之君，君有馀财，民有馀力，而颂声作。秦皇帝以千八百国之民自养，力罢不能胜其役，财尽不能胜其求。一君之身耳，所自养者驰骋弋猎之娱，天下弗能供也。秦皇帝计其功德，度其后嗣世世无穷；然身死才数月耳，天下四面而攻之，宗庙灭绝矣。秦皇帝居灭绝之中而不自知者，何也？天下莫敢告也。其所以莫敢告者，何也？亡养老之义，亡辅弼之臣；退诽谤之人，杀直谏之士。是以道谀、偷合苟容，比其德则贤于尧、舜，课其功则贤于汤、武；天下已溃，而莫之告也。

今陛下使天下举贤良方正之士，天下皆䜣䜣焉，曰：'将兴尧舜之道、三王之功矣。'天下之士，莫不精白以承休德。今方正之士皆在朝廷矣；又选其贤者，使为常侍、诸吏，与之驰驱射猎，一日再三出。臣恐朝廷之解弛，百官之堕于事也。陛下即位，亲自勉以厚天下，节用爱民，平狱缓刑；天下莫不说喜。臣闻山东吏布诏令，民虽老羸癃疾，扶杖而往听之，愿少须臾毋死，思见德化之成也。今功业方就，名闻方昭，四方乡风而从；豪俊之臣，方正之士，直与之日日射猎，击兔、伐狐，以伤大业，绝天下之望，臣窃悼之！古者大臣不得与宴游，使皆务其方而高其节，则群臣莫敢不正身修行，尽心以称大礼。夫士，修之于家而坏之于天子之廷，臣窃愍之。陛下与众臣宴游，与大臣、方正朝廷论议，游不失乐，朝不失礼，议不失计轨事之大者也。"上嘉纳其言。

…………

贾谊说上曰："管子曰：'仓廪实而知礼节，衣食足而知荣辱。'民不足而可治者，自古及今，未之尝闻。古之人曰：'一夫不耕，或受之饥；一女不织，或受之寒。'生之有时而用之无度，则物力必屈。古之治天下，至纤，至悉，故其畜积足恃。今背本而趋末者甚众，是天下之大残也；淫侈之俗，日日以长，是天下之大贼也。残、贼公行，莫之或止；大命将泛，莫之振救。生之者甚少而靡之者甚多，天下财产何得不蹷！

汉之为汉，几四十年矣，公私之积，犹可哀痛。失时不雨，民且狼顾；岁恶不入，请卖爵子。既闻耳矣，安有为天下阽危者若是而上不惊者！

世之有饥、穰，天之行也；禹、汤被之矣。即不幸有方二三千里之旱，国胡以相恤？卒然边境有急，数十百万之众，国胡以馈之？兵、旱相乘，天下大屈，有勇力者聚徒而衡击，罢夫、羸老，易子咬其骨。政治未毕通也，远方之能僭拟者并举而争起矣；乃骇而图之，岂将有及乎！夫积贮者，天下之大命也；苟粟多而财有馀，何为而不成！以攻则取，以守则固，以战则胜，怀敌附远，何招而不至！

今驱民而归之农，皆著于本；使天下各食其力，末技、游食之民转而缘南亩，则畜积足而人乐其所矣。可以为富安天下，而直为此廪廪也，窃为陛下惜之！”（《资治通鉴·汉纪五》）

4. 陛下幸募民相徙以实塞下，使屯戍之事益省，输将之费益寡，甚大惠也。下吏诚能称厚惠，奉明法，存恤所徙之老弱，善遇其壮士，和辑其心，而勿侵刻，使先至者安乐而不思故乡，则贫民相慕而劝往矣。

臣闻古之徙远方，以实广虚也。相其阴阳之和，尝其水泉之味，审其土地之宜，观其草木之饶。然后营邑立城，制里割宅，通田作之道，正阡陌之界。先为筑室，家有一堂二内，门户之闭，置器物焉。民至有所居，作有所用，此民所以轻去故乡而劝之新邑也。为置医巫，以救疾病，以修祭祀。男女有昏，生死相恤，坟墓相从，种树畜长，室屋完安，此所以使民乐其处而有长居之心也。

臣又闻古之制边县，以备敌也。使五家为伍，伍有长。十长一里，里有假士。四里一连，连有假五百。十连一邑，邑有假候。皆择其邑之贤材有护、习地形知民心者。居则习民于射法，出则教民于应敌。故卒伍成于内；则军正定于外。服习以成，勿令迁徙，幼则同游，长则共事。夜战声相知，则足以相救。昼战目相见，则足以相识。欢爱之心，足以相死。如此而劝以厚赏，威以重罚，则前死不还踵矣。所徙之民非壮有材力，但费衣粮，不可用也。虽有材力，不得良吏，犹亡功也。

陛下绝匈奴，不与和亲，臣窃意其冬来南也。壹大治，则终身创矣。欲立威者，始于折胶。来而不能困，使得气去，后未易服也。愚臣亡识，唯陛下财察。（晁错《论募民徙塞下疏》）

5. 晁错言于上曰："圣王在上而民不冻饥者，非能耕而食之，织而衣之也，为开其资财之道也。故尧有九年之水，汤有七年之旱，而国亡捐瘠者，以畜积多而备先具也。今海内为一，土地人民之众不减汤、禹，加以无天灾数年之水旱，而畜积未及者，何也？地有遗利，民有余力；生谷之土未尽垦，山泽之利未尽出，游食之民未尽归农也。

夫寒之于衣，不待轻暖；饥之于食，不待甘旨；饥寒至身，不顾廉耻。人情，一日不再食则饥，终岁不制衣则寒。夫腹饥不得食，肤寒不得衣，虽慈父不能保其子，君安能以有其民哉！明主知其然也，故务民于农桑，薄赋敛，广畜积，以实仓廪，备水旱，故民可得而有也。民者，在上所以牧之；民之趋利，如水走下，四方无择也。

夫珠、玉、金、银，饥不可食，寒不可衣；然而众贵之者，以上用之故也。其为物轻微易藏，在于把握，可以周海内而无饥寒之患。此令臣轻背其主而民易去其乡，盗贼有所劝，亡逃者得轻资也。粟、米、布、帛，生于地，长于时，聚于力，非可一日成也；数石之重，中人弗胜，不为奸邪所利，一日弗得而饥寒至。是故明君贵五谷而贱金玉。

今农夫五口之家，其服役者不下二人，其能耕者不过百亩，百亩之收不过百石。春耕，夏耘，秋获，冬藏，伐薪樵，治官府，给繇役；春不得避风尘，夏不得避暑热，秋不得避阴雨，冬不得避寒冻，四时之间无日休息；又私自送往迎来、吊死问疾、养孤长幼在其中。勤苦如此，尚复被水旱之灾，急政暴赋，赋敛不时，朝令而暮改。有者半贾而卖，无者取倍称之息，于是有卖田宅，鬻妻子以偿责者矣。而商贾，大者积贮倍息，小者坐列贩卖，操其奇赢，日游都市，乘上之急，所卖必倍。故其男不耕耘，女不蚕织，衣必文采，食必粱肉；无农夫之苦，有仟伯之得。因其富厚，交通王侯，力过吏势，以利相倾；千里游敖，冠盖相望，乘坚、策肥、履丝、曳缟。此商人所以兼并农人，农人所以流亡者也。

方今之务，莫若使民务农而已矣。欲民务农，在于贵粟；贵粟之道，在于使民以粟为赏罚。今募天下入粟县官，得以拜爵，得以除罪。如此，富人有爵，农民有钱，粟有所渫，夫能入粟以受爵，皆有馀者也；取于有馀以供上用，则贫民之赋可损，所谓损有馀，补不足，令出而民利者也。今令民有车骑马一匹者，复卒三人；车骑者，天下武备也，故为复卒。神农之教曰：'有石城十仞，汤池百步，带甲百万，而无粟，弗能守也。'以是观之，粟者，王者大用，政之本务。今民入粟受爵至五大夫以上，乃复一人耳，此其与骑马之功相去远矣。爵者，上之所擅，出于口而无穷；粟者，民之所种，生于地而不乏。夫得高爵与免罪，人之所甚欲也；使天下人入粟于边以受爵、免罪，不过三岁，塞下之粟必多矣。"（《资治通鉴·汉纪七》）

第五章

分裂与扩张·三国

一家没有产品的公司，只是一个假公司；没有整合的王朝，也只是个假王朝。

汉朝崩溃的后果是分裂，而重整崩溃是三国时候的事情。讲到三国，就不能不提诸葛亮。诸葛亮与他的家人朋友们，在东汉已有乱象时，迁移到离都城洛阳有点距离的南阳居住。南阳离洛阳远到不必沾惹现实政治，近到消息相当灵通。此地人才多，学术风气活泼。在这一片肥沃的学术土壤之上，诸葛亮与友人们规划了汉亡以后怎样重整中国的方略。三国时诸葛亮三兄弟分别在魏蜀吴三处工作，都担任相当重要的职务，在魏吴的名士谋臣中，也不乏他们的故交。可是他们这批人，大约只有诸葛亮自己能发挥才能，至少做到了安定四川的工作。自从《三国演义》流行，诸葛亮的形象就一直是有智计通权术的军师，但实际上，他是卓越的行政人才。他对军事，也未必以智计见长，而是十分注重管理。所以，诸葛亮的敌人司马懿，对他最佩服的是行军安营有规矩——这是管理有方的表现。诸葛亮在《出师表》[1]

中，推重的军事人才向宠，从来就不见赫赫战功，却是军事管理的好手。

强势CEO

诸葛亮只是整合了中国的一部分。但是在他的愿望中，蜀汉整合成功的话，将来全中国的整合就可以按照蜀汉的模式。诸葛亮是一个强势的CEO，刘备相信他，后主阿斗当然更听他的话。在诸葛亮的经营结构中，内廷完全被删除，但是诸葛亮死后，内廷又死灰复燃。宦官黄皓在后主的时代干政，但后主其实并没有内廷组织，只是黄皓等人在后主身边作祟。诸葛亮在世时，已有些问题。《出师表》中所说，宫中府中为一个整体，赏罚不应当有差别，这一段话反映出当时已有了宫中府中不公的现象。诸葛亮死后，蒋琬等人撑不住黄皓干预朝政，逼得姜维不得不躲开。

诸葛亮的CEO权力与他的继承者蒋琬、费祎是有很大差别的。CEO的制度跟人与人之间的关系有相当密切的关联，诸葛亮之所以能成为这样的CEO，是因为他的诚信为大家所相信，大家相信他不会因为个人的利益而滥用职权，也知道他定了一个法律，连他的儿子、侄子、最亲近的朋友犯了法也一样惩罚。严而明，是他让大家信服的原因。严而明之后是诚与信，他对人有一定的信任，但是，如果出了问题也一定严加惩罚，决不宽贷。有人认为他是法家作风，不是儒家，在重整的时候，这是难以避免的事。他想将蜀汉的结构带回西汉武帝后的结构，但是太困难，他做不到，因为蜀汉地方太小，犹如企业的市场太小，没有办法以这样少的客户维持那样的结构，更不用想与强大的竞争者争天下了。

开拓疆域

诸葛亮在“隆中对”[2]中为刘备筹划的大战略，原是以荆州与益州两支力量，钳形攻势，分兵合击，应能与曹操争衡。在关羽失了荆州，刘备负气东征失败之后，蜀汉实力被削弱了不止一半，“隆中对”的大战略，已不易实现。正如企业界的竞争一样，两个对抗的政治力量，彼此之间实力差距太大时，即使有可以借力的形势，弱者也未必能讨得多少便宜。诸葛亮在四川的局面，实力太小，资源太薄，若不开拓新疆域，遑论北伐中原，连拖延生存也不容易。因此，诸葛亮非得向南进展不可，这是避开硬市场，先取软市场的策略。商战中的弱者，只有从软市场先赚足容易钱，再以此本钱，向强者挑战，才有可能争夺硬市场。诸葛亮在刚够喘气的时间，翻山越岭、五月渡泸，深入今天的滇缅地区，也只是为了取得南中资源：马匹、铜铁……以及南方的兵源。他也开发凉州，取得羌人支持，也搜罗像姜维这样的人才。

诸葛亮自己的本钱太少，必须与当地豪杰结合，因此并不铲除他们的势力。为了开发新市场，诸葛亮找了许多合伙人，合伙人和股东不同，要求合伙人和要求股东的情况也是不同的。他在开发四川初期就带去许多干部与当地势力结合，他自己兼任丞相与益州牧两项职务，作为沟通的桥梁，以个人的诚信、威望和亲和力，使这两股力量结合。当时四川的地方力量非常强大，刘备带进四川的荆襄人士又少，如果要重建汉时的政府结构，在缺乏本钱又要应付巨大开销的情况下，非将就当地的势力不可。在这种情形下，他就以合伙的方式与地方合作。诸葛亮给予当地人士管理益州的权力，其情形很像包办特权自负盈亏，如同公司有许多承包的分销站，承包政府的法令，为政府收税，也为政府维持地方的繁荣。但承包的地方势力一定也可以得到相当大的收益，其中极重要的一部分，就是要保证他们在整个政府结构中，拥有一定的力量与位置。

结合地方豪杰

这种做法，相当容易沦为东汉末年的情形，地方势力把持州郡，中央被架空了。诸葛亮的做法是实行严刑峻法，你要当我的承销商就要守我的法，否则我宁可废掉这个承销商，这是他坚守的原则。所以诸葛亮无法把荆襄入川的精锐融入四川的地方势力，但是他可以让四川的豪杰接受他的委任，执行交代的任务，甚至提供足够的兵力，支持他做征伐中原的本钱。蜀汉由荆襄带来的老本虽然未在四川消耗，但人民会累，年岁会增，所以在诸葛亮《后出师表》[3]中，就道出老人损折死亡殆尽，时不我与，非借重当地的新生力量不可。而新生势力是垄断性的，各地的地方豪强垄断了当地政府。

诸葛亮重整汉朝结构的工作，只有部分成功，他只能用南中自己的势力开拓南中，用与当初开发四川一样的方法、一样的手段开拓南中，使南中人宁可接受他，而不接受别人。他的信誉靠得住，他讲的话算数，南中的开拓使得蜀汉增加了人口、土地，也使蜀汉取得了南中的资源，增加了不少力量。如果在开发硬的市场有困难时，可以利用新的资源开拓新的市场，终究还是可以维持公司。但是这种软市场的维持是有限度的。在南中，诸葛亮永远无法重建汉朝的结构。南中地方豪杰的独立性比四川还强，他的“公司结构”是非常松弛的，即使诸葛亮多活几年，他也未必能有进一步的整合。

诸葛亮的困难

诸葛亮的例子给了我们一个教训：本钱不够时，很难勉强做大生意。诸葛亮是受了时代的压迫，一定要以小本钱做大生意，他只好向市场屈服，向资金来源屈服。换句话说，本钱不够，借钱做生意，则债主卡死我。我的开拓是假的开拓，不是真正的开拓。诸葛亮靠他个人的信用去贷款，靠他个人的信用硬把产品押出去，仍是无法长久维持的。诸葛亮可佩，是因为他的使命感，是他明知不可为却仍然去做。在商业场合，却是不能靠使命感办事的，不能做形势不容许的买卖、扩张。诸葛亮在“隆中对”中，预料天下的局面仍大有可为，他没有想到原本可用的本钱少了一大半，没有想到要开拓软市场，也没有想到要借贷。但是董事长做错了事，刘备把荆州的这笔本钱押在赌桌上，一把输光了。关公麦城败亡，刘备不听诸葛亮的劝告，集合全国的力量，连营七百里伐东吴，这个意气用事的豪赌，把本钱折掉了一半。诸葛亮要收拾残局，他不得不以一半的本钱，做一倍半的买卖——当然办不到。刘备董事长做出了这个错误的决定，诸葛亮总经理为收拾残局送掉了一条命，却依然收拾不了。所以蜀汉之所以败，并不是败在阿斗手上，而是败在刘备的一场豪赌，使得诸葛亮无法挽回。诸葛亮也晓得难以成事，他之所以仍然六出祁山，是为了在情感上报答刘备，能多做一分是一分。诸葛亮明知后果，所以他鞠躬尽瘁，死而后已，五十四岁就死了。其实即使他多活二十年，结果也未必能改变。

由这个失败的例子对照汉朝成功的例子，我们可以了解到，许多为了达到短期的目的而做出的妥协，最后只会变成自己的负担。还是应该衡量自己的能力与未来的展望，看看所投注的本钱，是否能达到一定的水准。如果不能达到，只靠一次又一次短利的累积做本钱，是不会成功的。因为在基本的结构不稳定，实力又很单薄的情况下，机会不会凭空掉下来，机会都是稍纵即逝的。

透视情况，判断形势

诸葛亮看准了有可以借力的机会，可是这个机会被毁掉了以后，他要重新找回机会，机会却一去不复返了。总经理不只是要管理，董事长不只是要决策，两个人都要具备广阔的视野——能够透视情况、判断形势，不能意气用事。刘备的意气用事，是为了感情，为了他的义弟关张的冤死。诸葛亮不计成败，鞠躬尽瘁也是为了感情，为了报答刘备对他的知遇之恩。以诸葛亮的才能，若能一心一意顾全已有的局面，放弃争中原的大买卖，只做重整四川的小买卖，统一做不到，四川的安定繁荣还是可以做到的。从重整四川做起，吸纳当地的贤才管理四川的事，也使得四川的地方豪杰接纳外来的贤才，诸葛亮未尝不能重建政府。以四川偏安之局，还是可以维持相当长一段时间的。如果苦撑到晋朝初期出现大混乱的时候，蜀汉未尝不能卷土重来。这是在一千多年后，我们可以看到的情势。巩固自己的基础，接受自己的实力，野心不要太大，真正高明的赌徒是累积小胜成大胜，而不是孤注一掷——这是稳扎稳打的办法。

南中的发展也值得注意。南中高度地方化，中央根本管不着，也收不了税。基本上南中为蜀汉所用的时期相当短暂。蜀汉以后一直到南朝，南中都维持着半独立的状态，并没有完全整合。南中未能完全整合于中国本部，地方势力只好自己维持生计，就像一个公司分裂成许多小店，小店也只能供给小市场。这是南中的局面，也是四川的局面，因为四川最后也没有办法真正整合入中央的体系。事实上在南方崩溃以后，长江以南一直没有办法整合，南朝一直没有建立一个中央政府的体系。正如一家没有产品的公司，只是一个假公司；没有整合的王朝，也只是个假王朝。

南朝的整合

南朝的整合工作，只在王导手上有一些成就。王导是山东琅琊王氏的领袖，东晋建国以前，晋朝分封的亲王互相厮杀，弄垮了西晋，王导与他的兄弟们拥护当时分封在山东的亲王司马睿，帮助他在江东建立偏安的小朝廷。王氏一族是东晋王朝的主要支持力量，所以当时有“王与司马共天下”的歌谣。王导的哥哥王敦，依仗兵力，对江东原有的地方豪强大族颇不买账，而且还几乎要夺司马家的帝位。王导却是采取另一做法：对于江东地方势力，他尽力寻求合作，也许可为那些地方大族保持特权。在王导“镇之以静”的政策下，东晋的外来大族与当地大族，才逐渐主客相安，和平共存。

东晋时，当地大族已在长江下游三角洲占尽了土地，渡江东来的大族只能在今天浙江一带发展，开拓了许多土地。此外在今天江西、湖南一带，亦有颇多土著民族。渡江的汉人流民只能组织武装集团进行开拓，他们的领袖，号为流民帅，都不是原来有名的大族。这些在内陆的新建势力，也逐渐发展为地方势力。整个南朝，这些地方势力都相当独立，不是南朝中央可以有效指挥的。王导以他个人的威望，将中原南渡的士大夫和江南本身的士大夫结合在一起，每个地方势力自行以地方豪强的身份，搜罗地方资源，自己维持自己的局面，中央政府只是一个空架子。所以整个南朝的历史既无治安也无繁荣，始终在将要崩溃的边缘，没法完成像汉朝那样的结构整合。汉朝建立的结构，到南朝只剩下外壳，地方分裂，各自为政，更别提光复中原了，否则以南方的资源物力，应该是可以统一北方的。

只求一线产品

但是为何南朝维持的时间比蜀汉要长久很多呢？因为南朝比蜀汉终究大一点，本钱多一点，而且南朝没有把很多的本钱放在争中原上。从东晋到宋、齐、梁、陈，南朝在戍守前线上花了许多力气，更不用说主动出击了。南朝只以刚刚足够的兵力，防守长江以北；他们用的是和晁错一样的方法，驻屯在江北的北府兵是专业的兵，以就地生产、保卫家乡的方式，造了一道屏障。这种相当于屯田的养兵方法，费用不多。就因为本钱很少，所以南朝可以勉强维持存在。换句话说，不求好发展的公司，只要有一条线的产品够维持就算了。南朝只求防御北方胡人的侵犯，只管“安全”，至于繁荣、扩张就顾不全了。用企业做譬喻，正如公司有七八条线的产品，目前只能保住其中之一，让公司不垮，却不求改进，这是苟延残喘的办法。而南朝就是苟延残喘的局面。

从诸葛亮到王导，从蜀汉到南朝，犹如一个公司崩溃后，要重组是何等的困难。因为这个结构崩溃得如此彻底，散户只顾及自己的利益，不愿意让出任何资源，更不愿意接受整合，于是所有整合的努力都会白费。物极必反，有长治久安的汉朝，就有分崩离析的三国及南朝。地方势力太大了，犹如大公司瓦解，留下来的代理商只愿意做自己的生意，用小本钱经营当地的一些小买卖，不想再为总公司分销货品了。当分销的利润比不上独立小户的利润时，他宁可公司只空有一个招牌，而可以借招牌做自己的生意。我想许多连锁店都有这样的问题：当连锁店做得不好的时候，除了个招牌，什么都没有。所以连锁店的总公司也只能收一点权利金，永远无法扩张，永远不能改造商品、开拓新市场，董事长或总经理都是空的名头而已。到了这个地步，任何一度风光的企业都无能为力了。必须等到另一种崭新的产品，以低廉的价格打入新市场，把连锁店通通打垮，这个新产品才能够重建新秩序。这个新产品什么时候出现呢？在隋唐。而隋唐的基础在北朝，不在南朝。

注释

1. 三月，蜀丞相亮率诸军北驻汉中，使长史张裔、参军蒋琬统留府事。临发，上疏曰："先帝创业未半而中道崩殂，今天下三分，益州疲敝，此诚危急存亡之秋也。然侍卫之臣不懈于内，忠志之士忘身于外者，盖追先帝之殊遇，欲报之于陛下也。诚宜开张圣听，以光先帝遗德，恢弘志士之气；不宜妄自菲薄，引喻失义，以塞忠谏之路也。

宫中、府中，俱为一体，陟罚臧否，不宜异同。若有作奸犯科，及为忠善者，宜付有司论其刑赏，以昭陛下平明之理，不宜偏私，使内外异法也。

侍中、侍郎郭攸之、费祎、董允等，此皆良实，志虑忠纯，是以先帝简拔以遗陛下。愚以为宫中之事，事无大小，悉以咨之，然后施行，必能裨补阙漏，有所广益。将军向宠，性行淑均，晓畅军事，试用于昔日，先帝称之曰能，是以众议举宠为督。愚以为营中之事，悉以咨之，必能使行陈和睦，优劣得所。

亲贤臣，远小人，此先汉所以兴隆也；亲小人，远贤臣，此后汉所以倾颓也。先帝在时，每与臣论此事，未尝不叹息痛恨于桓、灵也。侍中、尚书、长史、参军，此悉端良、死节之臣，愿陛下亲之信之，则汉室之隆，可计日而待也。

臣本布衣，躬耕南阳，苟全性命于乱世，不求闻达于诸侯。先帝不以臣卑鄙，猥自枉屈，三顾臣于草庐之中，咨臣以当世之事；由是感激，遂许先帝以驱驰。后值倾覆，受任于败军之际，奉命于危难之间，尔来二十有一年矣。先帝知臣谨慎，故临崩寄臣以大事也。

受命以来，夙夜忧叹，恐托付不效，以伤先帝之明。故五月渡泸，深入不毛。今南方已定，甲兵已足，当奖率三军，北定中原，庶竭驽钝，攘除奸凶，兴复汉室，还于旧都，此臣所以报先帝，而忠陛下之职分也。至于斟酌损益，进尽忠言，则攸之、祎、允之任也。愿陛下托臣以讨贼兴复之效，不效，则治臣之罪以告先帝之灵，责攸之、祎、允等之慢以章其咎。陛下亦宜自谋，以咨诹善道，察纳雅言，深追先帝遗诏，臣不胜受恩感激。今当远离，临表涕零，不知所言。”遂行，屯于沔北阳平石马。（《资治通鉴·魏纪二》）

2. 今曹操已拥百万之众，挟天子而令诸侯，此诚不可与争锋。孙权据有江东，已历三世，国险而民附，贤能为之用，此可与为援而不可图也。荆州北据汉、沔，利尽南海，东连吴会，西通巴、蜀，此用武之国，而其主不能守，此殆天所以资将军也。益州险塞，沃野千里，天府之土；刘璋暗弱，张鲁在北，民殷国富而不知存恤，智能之士思得明君。将军既帝室之胄，信义著于四海，若跨有荆、益，保其岩阻，抚和戎、越，结好孙权，内修政治，外观时变，则霸业可成，汉室可兴矣。（《资治通鉴·汉纪五十七》）

3. 汉诸葛亮闻曹休败，魏兵东下，关中虚弱，欲出兵击魏，群臣多以为疑。亮上言于汉主曰：“先帝深虑以汉、贼不两立，王业不偏安，故托臣以讨贼。以先帝之明，量臣之才，固当知臣伐贼，才弱敌强；然不伐贼，王业亦亡，惟坐而待亡，孰与伐之！是故托臣而弗疑也。臣受命之日，寝不安席，食不甘味，思惟北征，宜先入南，故五月渡泸，深入不毛。臣非不自惜也，顾王业不可偏全于蜀都，故冒危难以奉先帝之遗意也，而议者以为非计。今贼适疲于西，又务于东，兵法乘劳，此进趋之时也。谨陈其事如左：高帝明并日月，谋臣渊深，然涉险被创，危然后安。今陛下未及高帝，谋臣不如良、平，而欲以长计取胜，坐定天下，此臣之未解一也。刘繇、王朗各据州郡，论安言计，动引圣人，群疑满腹，众难塞胸，今岁不战，明年不征，使孙策坐大，遂并江东。此臣之未解二也。曹操智计殊绝于人，其用兵也，仿佛孙、吴；然困于南阳，险于乌巢，危于祁连，逼于黎阳，几败伯山，殆死潼关；然后伪定一时耳；况臣才弱，而欲以不危定之，此臣之未解三也。曹操五攻昌霸不下，四越巢湖不成，任用李服而李服图之，委夏侯而夏侯败亡；先帝每称操为能，犹有此失，况臣驽下，何能必胜！此臣之未解四也。自臣到汉中，中间期年耳，然丧赵云、阳群、马玉、阎芝、丁立、白寿、刘郃、邓铜等及曲长、屯将七十余人，突将、无前、賨叟、青羌、散骑、武骑一千余人，皆数十年之内，纠合四方之精锐，非一州之所有；若复数年，则损三分之二，当何以图敌！此臣之未解五也。今民穷兵疲，而事不可息，事不可息，则住与行，劳费正等，而不及虚图之，欲以一州之地与贼支久，此臣之未解六也。夫难平者事也，昔先帝败军于楚，当此时，曹操拊手，谓天下已定。然后先帝东连吴、越，西取巴、蜀，举兵北征，夏侯授首，此操之失计而汉事将成也。然后吴更违盟，关羽毁败，秭归蹉跌，曹丕称帝。凡事如是，难可逆见。臣鞠躬尽力，死而后已，至于成败利钝，非臣之明所能逆睹也。”（《资治通鉴·魏纪三》）

第六章

解体与整合·南北朝

这种情况，好像北方公司一部分的高级职员带着自己的下属逃到新开拓的南方来，要与原来当地残余的公司结合，形成南方公司的结构。这两股势力不但要共存，还要在结合以后有效率地发挥管理的功能。

南北朝时代，中国处于分裂状态，原有的政府结构已经完全崩溃，所以不论在北方还是在南方，都必须建立一个新的政府结构、新的国家机器。如果以一个公司来看，这个公司已经解体了，虽然大家对公司的记忆仍然存在，但是必须重新建立一个完整的架构。在南方，自东吴以来就已经存在许多地方势力，这些地方势力以大族的形式存在，掌握大片的土地以及相当的劳力，甚至地方政府也要向他们低头。地方政府在西晋时还有一点功能，到了西晋崩溃后，就完全管不动，所以南方又重新回到大族掌握资源的形式。以公司来比喻，就是大公司崩溃后，有一部分的分公司和一部分的经销商，在原来的市场上求发展。没有中央管理机构，他们现在要在原来的地区性网络上整理出秩序，这就是南方的情形。这样的整理其实相当困难，因为南方除了有当地的大族，现在又有北方逃来的一大批西晋皇室后裔，这些贵族逃亡时，也是以大族的形式来的。这些逃亡的难民之间，也有着上司与下属、主人与仆役的关系。流民成为大族自己掌握的人口，甚至自己的私兵。这种情况，好像北方公司一部分的高级职员带着自己的下属逃到新开拓的南方来，要与原来当地残余的公司结合，形成南方公司的结构。这两股势力不但要共存，还要在结合以后有效率地发挥管理的功能。

与地方势力结合

西晋逃亡的大族与地方势力结合的工作是由王导完成的。南方北来大族的经济力量在江南地区无法与当地的大族竞争，所以他们进入更远的地区，到今天的江浙甚至福建一带的新地区进行开拓。湖南、江西、广东，各地皆有其地方领袖，所以南朝中央政府的命令是无法贯彻的，要由大族在中间转手。大族本身收取地方的税收，大部分自己享用，少部分给中央。如果他们不愿意，中央政府一点办法也没有。中央政府一方面要在淮河和长江流域维持一批军队，以防御北方胡人的南犯，一方面又必须维持北方下来的移民以及他们的子孙。政府要争夺资源，又要保持和谐，这个工作是很不容易的。以公司做譬喻，就是大公司分解后，老干部和地方干部协调的问题。

王导的办法是将一些地方干部选入中央，参与中央的决策，也将一些中央的老干部分插到地方去，组织一些小的分销商，如此可以维持他们原有的权力，也可以说是维持原有生存的机会。这样的结构是相当松散的，王导的用意是以少干预原有地方势力为原则，尽量不使原有势力感觉到威胁，但是这也不能完全避免冲突。东晋南渡之后，有好几次严重的冲突产生。中央势力在南方受到地方势力的威胁，而地方势力又受到中央势力的分化，这样的情形使得冲突不断地产生。南方势力觉得受到北方人的压迫，在整个南朝时期这样的不平衡心理长期存在。王导的办法是尽量维持安定的状态，保持南方势力原有的权威，只在缝隙中安插北方势力；中央政府必须容忍南方势力的介入，形成共治的局面。

再以公司的观点来看，这些小型分销商拥有相当大的权力，并且承担了一部分生产的工作，所得的利润有一部分贡献给总公司，以取得合法的代理权。原有的小型分公司，也就是西晋时代的地方政府，事实上名存实亡。如果没有大族的支持，这些地方政府是没有办法运作的。所以我才用小型分销商来比喻，因为他们本身变成了小型的生产者。这些松散的结构和我们先前讲到的诸葛亮在四川和南中的经营非常类似，只是蜀汉维持的时间比较短，而南朝比较长。

南方整合：利益交换

南方东晋的王室司马氏以及他们的继承者——宋、齐、梁、陈，基本上都是以利益交换的方式，与当地的大族取得和谐的关系。北方的王、谢一方面保持本身的团结，另一方面以婚姻的方式，和当地的大家族保持良好的关系。这是一种既斗争又联合的方式，用的多是权术，并没有真正做到和谐地重整。另一问题是，北方的人口在南方往往形成小的独立政权，以侨郡、侨县的方式存在，没有和当地的户口结合，一直到南朝刘宋，才以土断（即改变为一般地方行政系统）的方式整合南来人口。

土断之后，理论上南人北人是整合了，所有的分销商都在一个网络之下，同样都是政府分销的人物，做分销的工作。可是刘宋之后，新的势力又崛起了，这就是湖南、江西、广东一带新开拓地区的当地土豪。这些势力各据一地，各自掌握一批人口，他们与中央的关系比江南士族及北方士族还要差。这部分的整合，历经整个南朝依然没有成功。江南的政府基本上是一个散乱的情况，南方政府没有成功地建立统治权。南朝历史，正如一个个分公司的兴起衰落。某个分公司成长了，进来夺取总公司的名分，做了南朝的皇帝，但是总公司的结构始终没有整合完成。南方公司的资源有限，所能做到的任务自然也有限。假如以维持南方安定繁荣作为它的目标，它对北方的防御反而花费较少，只靠两支自给自足的武装部队，在两个枢纽地区——江北及长江中游，以自行征调粮食、世袭军户的方式，维持这两个地区的高度军事化，隔离了南方和北方。南朝后来没有办法抵抗北朝的侵略，疆土一朝比一朝缩小。南方一直不稳定，一直有内乱，原因就是整合的过程不良，无法建立一个有效的中央。

北方整合：缓慢且武装

北方的情形则不同：整合的过程相当缓慢，但是在一次又一次地整合后，最后是成功的。西晋以后，北方的情况也是有许多地方大族自己组织了武装力量。大族住在坞堡里，掌握了当地人口，等于自己建立了一个小政府，维持了当地一个小局面的安定和繁荣。

当时北方有许许多多不同的外族，以部落兵的方式在各地建立起短暂的政权。基本上这些政权都未有效地控制中原，因为这些部落兵的目的都是掳掠，没有建立长期管理制度的意愿。五胡十六国，大多数国家的寿命都相当短暂。这些胡人建立的政权往往维持双轨的结构，一方面君主称为单于，管理本身的部族兵；另一方面他们又自称为中国的皇帝，管理中国的人口。他们虽然只管理一小部分的土地，时间也很短暂，但还是自称为中央政府。事实上这种政府的命令无法深入地方，透过大族的地区而使大族听命。

五胡中，第一次有效的政权，是前秦苻坚。苻坚任用王猛治国，确定了相当成功的体制。我们由前秦的政权来看的话，可以说是一个已经散了的公司，又将各地分销商组织成可以运作的企业。当时北方的大族，本身组织结构以及掌握当地资源的能力，比起南方的大族，都优越得多。他们有防卫的功能，也能组织动员群众，从事生产。基本上每一个大族在管理的区域都必须能做到这些，否则就无法存在了。虽然他们没有合法的收税权，但是因为地方小，征调当地的资源，不论人力物力，都相当有效。所以北方政府的问题是如何把这些分散的大族力量和中央政府结合。假如以公司做比喻，就是在股票市场上以强制的手段夺取了一些股权之后，要强迫一个产品落后、人数也少、资金不足的小公司与一个原来相当大的公司的分销商重新合并，组织成一个新公司。这个新的公司在名义上必须是原有的公司的继承者，所以无可避免地，除了要取得合法性，还要恢复以往大公司的部分结构。而这些工作正是王猛想尝试的。

王猛治秦

王猛所做的工作是双轨的，一方面要压制前秦一些部落贵族，使他们不再任性掠夺，不再在制度外发展势力。换句话说，他要拿中国的制度和法令来约束原有部落的力量。如果还以上面的例子说明，一家小公司吞并大公司的散乱部分，小公司里本来的一些干部及股东，不见得能胜任大公司的工作。老板在新的公司里，要恢复总公司的结构，就不能允许原有小公司其他的干部或股东任意夺取或分割总公司可以掌握的资源，也不能允许他们任意扩充自己的权力。王猛对胡人贵族的管制是相当严厉的。前秦君王苻坚和王猛密切配合，在十几年的时间里，压服了部落贵族嚣张的声势，使得他们多多少少被纳入了正常的轨道。另一方面，王猛也想将中央政府的力量深入坞堡后面的大族控制的地区。但这个工作在他有生之年并没有真正地做到，他能做到的就是在各处选拔有才干的汉人进入中央政府担任干部。他选拔的时候并不考虑出身，也不考虑和大族有没有关系。王猛自己是穷人出身，小时以编畚箕为生；他自学成才，也了解以他的身份地位无法打入地方世族的圈子。他尽量搜罗贤才为干部，重建法律的权威，推行他的政策。这些熟悉汉、魏、晋政府体制的干部，尽可能恢复原有的管理机构。因为这些人能干清廉，所以建立了前秦政府的威信，也发挥了相当的统治功效。可是在这种情况下的整合，大概只是和大族共存而已。大族能够接受前秦政府，但是不会完全放弃自己的权力；而前秦的政府也无法系统地吸收大族。换句话说，分销商承认自己分销商的地位，但是并没有大规模地进入新公司的决策阶层；决策阶层反而是由王猛从汉族的贫庶阶层找来的有才之士所组成的。

这个整合方式和王导、诸葛亮整合他们地区的方式很不一样。王猛想要在一个权力结构非常不平衡的基础上，重新建立一个管理单位。在王猛当政的十六年间，有相当的成果，苻坚也相当信任他。但是他终究不能完全统一北方。许多不同部落虽然一时之间接受了苻坚的政权，但是北方基本上依然散乱。王猛死后，政权崩溃，北方又重新陷入部落间的纷争局面。苻坚进攻南方没有成功，淝水之战败绩之后，苻坚百万大军土崩瓦解，前秦的政权也崩溃了。

第七章

融合与重组·南北朝

组织要运作得有效率，并不是仅用几个有才干的人就可以的，还须有可以遵循的法令制度，组织才能长治久安。

北方重新回到分散的局面，等待另一次整合机会的来临。另一次的整合机会来得比较晚，要等到北魏鲜卑族进入中原之后。鲜卑族在几个胡族中是比较晚进入中原的。拓跋氏这个部族原来并不是很强大，等到他们进入中原时，原来在中原建立地方政权的胡族（所谓五胡十六国），实际上已经慢慢失去了他们原来的强悍，而原有地方上汉人的大族则相当稳固地掌控各自的地盘。五胡和这些大族有了某种程度的融合，包括文化上的融合以及经济上的互相依赖。但是整个北方中国的管理依然是散乱的，并没有一个有效的政权出现。

北魏政权的整合工作可以从几个方面看。如果将北魏视为兼并公司，这一个原处于边缘地方的小公司，实力有限，但在进入一个没有头绪的市场时，因为小公司本身团结力比较强，它的资本也比较集中，很快就可以把一个散乱的市场整合为一个新的公司形态。但是这个新的公司要重建内部的管理机能，恢复生产，恢复市场，也不是容易的工作。北魏所做的工作，可分为几个步骤，第一个步骤是稳定人口，恢复农业生产。如果将北魏这个国家当成一个公司，它先提供的服务是安定繁荣。那时北中国历经长时间的战乱，人口稀少，无人耕种的土地相当多。

整合步骤

北魏所做的很重要一项工作是将生产力放回到土地上。本来流浪的人回来耕种，军人也尽可能地回到生产上。北魏实行均田制，每个农民基本上都有国家分配的土地。这些土地本来是无主荒废的，均田制安顿了相当大的一部分人民。均田制使大族受到政权威胁，但北中国也得到了一个喘息的机会。

第二个步骤比较困难，就是将离散部落转为国民。这部分工作是一个汉人学者李冲帮助完成的。李冲得到北魏朝廷的信任，虽然职位并不是真正的宰相，但是在决策上有一定的发言权。北魏建立了三长制，不管是鲜卑人或是俘虏来的其他族的人，都重新归属地方层级，由三长制管理，即五家立一邻长，五邻立一里长，五里立一党长。把部落里的人口归属到地区的工作中，实行起来当然会有许多的障碍，鲜卑大族的领袖就不赞成这样的做法。幸亏鲜卑的君主和汉人的谋士相当合作，李冲贡献的政策得到有力的支持，使得鲜卑族人变成依靠农业生产为生的人口，而不再是以掠夺中原资源为生的军人。国人以农业维持生活，整个北魏也获得了安定以及相对的平静。

彻底重组

在三长制管理的基础上，北魏又进行了彻底的重组工作。因为鲜卑政权虽然在结构上已是汉人的政府，但是还需有效地正名。北魏孝文帝的改革，使鲜卑政权与汉人大族融合。他一方面鼓励胡人的贵族和汉人的世族通婚，一方面也征调汉人世族中有才干的人进入中央政府服务。他甚至将姓氏都做了大规模的改变：胡人的姓氏汉化，使得胡人忘了他们原来是胡人，也令汉人更能接受这些外来的大族。比如拓跋氏改为元氏，许多贵族也更改了他们的姓氏，认同中原。这个工作当然得到了汉人相当大的支持，而汉人也贡献了相当多的力量，将汉人大族已经建立的地方政权，转变为一个中央政府可以指挥的地方政府。

我们再回到公司经营的角度来看，这个整合工作是相当彻底的，彻底到将一些分销商完全纳入中央的总公司。对北魏这样的改变贡献最大的李冲，他自己是世家大族的后代。为了调和胡汉的纠纷，他劝说北魏君主孝文帝实行汉化改革。北魏政府的制度，甚至宗教性的祭祀礼仪，都是他设计的。李冲特别幸运的地方是，他不仅得到了孝文帝的信任，还得到了当时皇太后的充分支持。北魏孝文帝甚至为了族群合作能做到最好的程度，将国都迁到了当时中原的洛阳。所以孝文帝的汉化是君臣双方合力的成果。

孝文帝对李冲的信任还可以由以下这件事反映出来：当时北魏孝文帝朝中还有许多鲜卑的贵族，他们希望能在朝中占有一定的地位，也有许多汉人的大族希望他们的子嗣能够得到很高的位子。孝文帝征求李冲的意见，问他这些人能不能用？李冲问：你是要和这些富家子弟共天下呢，还是要找能干的人为国家做事，使百姓得到好处？孝文帝说：当然是要贤才替国家做事，使政治走上正轨。李冲回答：那你就不要用这些膏粱子弟，而要用一些有才能的人，不必管他们地位高低。李冲的想法和王猛是很类似的，不同的是王猛本身就是贫民出身，而李冲却是得到北魏朝廷重用的汉人大族子弟。两人的立场是一致的，希望建立起一个好的管理制度，让贤才为国家做事。

他们另一个共同点则是把族群的考虑摆在一边，以国家永久的利益为前提。王猛曾有机会帮助桓温，桓温是当时南朝统军的大将，那时桓温的军队已经到了长安附近，王猛希望能帮助桓温重建南朝的政府。王猛是非常不拘形迹的人，他和桓温见面时，一面抓身上的虱子，一面谈论他治国的理想：如何建立一个有效的政府，如何将军队推进、收复更多的失地。但是，桓温想自己做皇帝的兴趣远大于恢复一个像样的中原王朝，王猛也就不得其用。直到苻坚去找他，王猛认为苻坚肯接受他的意见，于是辅助苻坚做好建立前秦政府的工作。所以苻坚和王猛、孝文帝和李冲的相得是一样的，君主和参谋者要有一致的目标，能通力合作；君主要给参谋者绝对的信任和支持，使得理想能够实现。苻坚和孝文帝这两位君主能够压制朝中同族的人，使得两位汉人大臣的理想能够实现，在历史上是相当值得钦佩的事。

王猛的功劳很大，他帮助苻坚组织了一个很有效的政府，使得前秦在当时几乎就是北中国的主人。等到王猛一死，情况就不一样了，苻坚开始骄傲，又没有另一个好帮手，淝水一战，前秦就垮掉了。同样，孝文帝听李冲的话，建立了一个很好的政府，但是他的后世子孙在行政事务上就不如他那么坚持。当北边的鲜卑边防军进攻朝廷、夺取政权时，北魏就没有办法继续了。

均田和三长

北魏维持的时间比前秦要长久许多，是因为李冲建议的两个方法——均田法和三长制，能够维持长久功效。这两个制度，使得人民回到农地上，生产力得以提升，使得本来部落的人民变成编民，本来替汉人大族做事的人变成纳税人。组织要运作得有效率，并不是仅用几个有才干的人就可以的，还须有可以遵循的法令制度，组织才能长治久安。

府兵制

北魏改革之后，到了北周又有一次重要的改革，使得汉人的族群和北边鲜卑的军队能结合在一起，这就是府兵制。北周武帝所设立的府兵制当然也得到了汉人有识之士的帮助。苏绰帮助北周武帝，将部落的组织和军队的组织巧妙地结合在了一起。名义上，军队继承了从前部落里的六分法或八分法；很快地，军队的组成分子就不再限于鲜卑人，而是增加了中原地方豪强的部队。加入北周军队的汉人，曾经一度都将姓氏改为胡姓，但不久又将胡人姓名改为汉人姓名，将本身郡望都改到当时首都长安附近的地方。这两次改名使得大家都不太记得谁是胡人、谁是汉人。禁卫军的制度也改为府兵制，职业军人散布全国各地。平常军队不用国家养，自己种田养活自己，到了要作战时就拿起兵器为国家打仗。这样的制度使得国家拥有强大的武力，却不用人民缴纳太多的税去供养，使北周达到了前所未有的国富兵强的局面。

当然，能够做到这一点，有赖于北周武帝和苏绰的通力合作。苏绰的儿子苏威，也是一个相当重要的谋臣，他曾帮助隋朝完善已经实施的均田制，进一步推展执行。苏氏父子二人都在政府服务，努力使人民生活得更好。苏绰参政时常想到，人民要缴的税太多，希望下一个执政者能够减轻税赋。等到苏威参政时，为实现父亲的心愿，他一直努力减轻老百姓的税赋。这些有理想的知识分子，贡献他们的智慧和能力，为人民着想，使得少数民族政权成为胡汉协调的政权，军队也变成胡汉混合的军队，奠定了隋唐富强的基础。

第八章

整合与重组的检讨·南北朝

许多时候好像已经山穷水尽，但如果找到对的方向，往往能够开拓新的局面；看上去是崩溃的一刹那，其实往往是一个新的局面的开始。

从北魏到北周，几次君臣通力的合作，使得中国在经过一次又一次的融合之后，不再分族群彼此的界限。综合前面，从汉朝以来，中国这个共同体，历经了诸葛亮的整合，王导在南方的整合，及王猛、李冲、苏绰、苏威在北方的整合。这一系列的整合工作，可以说是一步比一步更彻底。这群贤臣的共同特点就是，他们的着眼点并不是短时间内及一小部分人的利益，而是以长时间为考虑，把族群的矛盾摆在一边，把族群的利益摆在一边，致力于族群的整合。这个工作是一点一点尝试出来的，工作的步骤也是逐渐进行的。中国的问题，常在于中央无力后各地方豪强并起。这些地方势力有相当的独立性，不听命于中央。诸葛亮时整合的程度比较浅，也不是很成功，地方大族还是一直留在地方。南朝整合得也不算成功，地方大族还是地方大族。北朝整合得比较成功也比较彻底，其原因应该在于北朝参加整合工作的汉人知识分子，能够贡献中原汉文化长期孕育的知识。北朝的统治者来自少数民族，缺乏这些知识，在一方需要一方供给的情况下，统治者和知识分子竟能充分合作。我们必须知道，不论是胡人的大族，或是汉人的大族，对于整合的工作都不是完全赞同的，所以每一次的整合工作都相当辛苦。上面讲到的整合工作过程中，北朝的三个阶段，基本上也都注重如何让有才干的人出来为政府做事，不管他的出身背景与世家大族有无渊源。用人唯才的作风，是这些改革能成功的相当大的原因。汉朝这样大的一个集合体，在分裂以后，经过一次次外力的侵犯，从公司来讲，就是经过一次次外力的袭夺，夺取经营权，终于经营的主体还是渐渐上了轨道，重组了管理组织。这是个了不起的成就。

南方失败之因

汉朝覆亡以后，北朝用了几百年的时间，经过好几代的努力，才得到这样的成果。相对地，南朝的失败，可能就要归因于王导和他带来的这批北方贵族，他们的私心太重，始终不肯放弃自己的地位，一直保持所谓侨郡、侨县，成为独立自主的单位，甚至侵占土地、掠夺人口，尽量攫取最大利益。北方来的人和南方人的融合，之所以始终不如北朝做得那样成功，私心是很重要的缘故。一旦人有了私心，就很难做好事情。同样，南方的地方豪强也是私心很重，不想接受北方的流民，使得北人和南人一直处于对立的局面。凡是取得地方政权的当地豪强或北方大族，都不曾为了更进一步的融合而努力。虽然宋代采取土断政策，使得北人的户口变更到南方，但是社会结构上的问题却一直没有解决。南朝之所以失败和北朝之所以成功，和经营者的心态有相当大的关系。

北方的兼并

北朝是胡人进入汉人社会的情况。胡人人数少，也不习惯作为一个大帝国的经营者；而累积长期治国经验的汉人士大夫还是继续儒生的传统，接受经世治国的教育。虽然王猛并不属于世家大族，但他仍然有机会接受这样的教育。少数的统治者当在经验上和受教育程度上都不如被统治的汉人时，就起用汉人的精英，借重有才干的知识分子与有力量的大族。在逐渐融合的过程中，这样的做法比较顺畅。少数人容易适应多数人的环境，而在少数人无法为多数人做决策和管理时，自然要倚仗多数人中的精英，帮他们承担决策者和高层管理者的功能。在这样的管理结构中，汉人不仅有机会参与，而且他们丰富的治国经验又得以施展，自然埋怨就少了。

我们如果再一次拿南北朝的经验来看待公司结构或者企业的兼并，就是如果有一个小企业，吞并了一个大公司，在小公司没有足够的人力和经验、不足以管理大公司的情形下，必定要借助大公司原有的干部，才能把大公司管理得更好，这样新旧的融合也会更顺利。反过来看南朝，由北方下去的司马氏与王氏，本来就是西晋的一批精英，带过去的兵也不算少。荆州的上江兵和扬州的北府兵，基本上也都是北方的难民，难民逃到江边，不再渡江南下，从而形成了这两支部队的骨干。这两支部队也成为南方部队最重要的组成部分。江南的士族数量虽然很多，占有优势地位，受教育程度也不算低，但是和北方来的人比起来不见得占很大的优势。因为北方由西晋下来一批武力，他们拥有长期的治国经验，又有一批相当能干的流民，当他们进入江南的时候，并不需要做很大的迁就。比如南朝的皇室，不仅东晋的司马家是北方人，后来的宋、齐、梁、陈也都是以北府兵为基础的北方流民所建，并不是南方人所建。因此江南的世家大族在南朝的结构中往往不能任第一流的职位，只能任第二流的、陪衬的职位。至于江西、湖南，甚至广东的地方豪强，在经验能力上更不能和江南的世家大族比，虽然他们也吸收了不少北方的流民，但是因为这些流民多半是分散的，并没有北方士族，其中也就很少有拥有治国知识的人。南朝的最后一个皇室——陈朝，它的创业君主是内地的大族，由湖南、江西一带崛起，最后经由广东，带着江西、湖南、广东的兵进入建康，建立了政权。陈朝国祚太短，这些受教育程度比较差的人并没有时间向世家大族学习治国的经验。因此整个南朝基本上都是由北方的世家大族以及知识分子掌握最多的资源，他们也没有向南方的世家大族做必要的迁就。虽然刚开始时，王、谢两家，尤其是王导，政治作风比较开明，他们和南方的世家大族交朋友，但这只是他们个人的行为。整体来讲，北方的人一直居于强势的位置，并没有和南方的人真正融合。土断的工作是取消北方流民的侨郡、侨县，变更为当地的行政系统，不再有北方与南方两套行政系统并存的情况。可是土断只影响一般人的户口，并不能影响管理人员和干部。

假如拿南方的例子来看，就是一个有相当规模的大公司，带着干部去管理一个甚至几个规模比它小一点的公司。这个大公司带进去的人包括他们的领导者和干部，他们有足够的力量统御整个局面，因此没有努力去吸收已经合并进来的新公司里面的人才，融合的工作也就无法做好。南方后起的地方豪强也渐渐进入势力圈，可以说是干部的下层。因为他们掌握了一些资源，有恃无恐，因此没有经过精英测试的过程，也没有循着一般升迁的渠道，只是凭着兵力趁乱打进了领导阶层；他们也凭着兵力割据了一块地方，自己成为地方势力的领袖。这些人只会使原来的结构更加离散，对整合一点帮助也没有。

融合的心态

由以上北方和南方两种经验来看，两个组织融合，心态是很重要的。假如形势是以弱持强，并不一定是坏事，反而可以让强的一方融入弱的一方；假如形势是以强持弱，则弱的一方永远处在受压迫的地位，强者不太会自动让步。只有真正有气度、想要建设的人，才能掌握不同的形势，不管是以弱持强还是以强持弱，都会以开阔的胸襟去吸收当地最好的人才，也会想办法做进一步的融合。像北朝的苻坚、北魏的孝文帝、北周的武帝，这几个人都很能理解自己的弱势，进一步能得到强势力量的帮助和合作，胸襟开阔又眼光独到，既能看得见情势，又有容纳的雅量，甚至能努力压制自己族人中眼光不够长远者，使他们不会形成改革和融合的阻力。南方呢，除了王导曾经有过很开阔的气度，能够容纳南方的大族，其他的北方势力并没有努力接纳南方的大族，也没有努力接纳南方的才识之士，这可以说是北方势力的一大失误。南朝对世家大族有相当分明的社会等级划分，北方的王、谢是第一等，江南的朱、张、顾、陆是第二等，这种层次分明的等级更妨碍了他们吸收贤才、扩大基层的工作。南朝宋及梁都曾经相当努力地想要把世家大族的力量打垮，但是他们进用的都是一些武人，并没有起用地方上能治国的贤才。

同样，东晋晚期到刘宋初期土断的工作，甚至废除奴隶的工作，都只是为了消除王权的敌手、消除世家大族对王权的威胁，并不是真正想要做好融合的工作。这种大公司吞并小公司的过程通常不会很顺利，小公司的干部到最后不是无心做事，就是离开公司，大公司便需要以有限的人力去顾全原来顾不到的地方，以三五个人去做十七八个人的工作，在人力的支配上当然不易做好。

诸葛亮的例子

从诸葛亮在四川和南中的例子来看，诸葛亮带进四川的荆襄之士，人数虽不算少，但也不多，蜀汉绝对要依靠巴蜀两地的世家大族，要仰仗四川的兵源和物资。诸葛亮对四川的融合是相当成功的，四川的贤俊都可以在蜀汉政府升到很高的位置，帮助诸葛亮一起管理巴蜀。往南进到南中的时候，他只是将几个地方豪杰带进中央政府，做一些不是顶重要的工作。他也没有办法将巴蜀的人才带进南中做管理的工作，依然要靠南中当地的土豪、强大的地方势力来管理南中，使得南中反而出现了一些世袭的地方官。他没有将南中和巴蜀成功地整合在一起，所以云南、贵州地区的独立性并没有因为诸葛亮南征而降低。一直到了南朝，南中仍然是遥远的地方，和南朝的政局没有多大关系。诸葛亮在巴蜀的经验就好像北朝的经验，是一个弱势力量进入强势地区，所以虽然是统治阶层，依然要尽力融入当地的社会。相对于巴蜀，诸葛亮进入南中就是强势力量进入弱势地区，所以即便是诸葛亮这样一个公忠体国、严正公平的人，仍然无法有效地将南中融化于蜀汉。诸葛亮七擒孟获使南中不复反，只是使南中不向诸葛亮挑战而已。南中本身独立存在的时间相当长。

胸襟是融合成功的主因

由诸葛亮到南北朝的这几次经验，我们可以看出，固然形势比人强，但是胸襟也是很重要的。一群人排挤另一群人，事情就做不好，一群人信赖另一群人，事情就可以做得好。至于皇帝跟宰相之间合作的程度，所谓君臣相契，本来就是很不容易的。要一个人对另一个人充分地信任，其中有许许多多的因素，双方的诚恳、双方对彼此能力的了解，都是很重要的。前面所讲的几位胡人君主就都是相当了不起的人物，他们能赏识汉人的贤才，信任他们，让他们大展长才。苻坚和王猛之间君臣契合，其互动之深、用心之专，不亚于刘备和诸葛亮之间的情谊。直到王猛死了几十年，关中的人仍然相当怀念他。到了南朝北伐的时候，其中有一个带兵的将领王镇恶是王猛的孙子，在王猛死后逃到南方。王镇恶在关中得到许多的帮助，就是因为关中人对王猛的诸多怀念。关中人对王猛的情感就像四川人对诸葛亮的情感一样深。王猛与苻坚配合可以成就许多事，但是王猛死后，情况就不一样了。王猛临死前，苻坚问他有什么遗言，王猛说：我没有什么要求，只希望你不要攻打南方，现在汉人已经住得很久了，北方南渡的汉人也都和当地的人民一起安定下来了，那个地方你攻不下来的，因为你的兵力不够，你的能力、威信也都不够。请你不要做统一中国的事情，不要攻打南方，你要注意的是你身边的胡人，他们现在是你的朋友，但是他们并不是真正的朋友。如果你攻打南方，难保他们在北边不给你搞出什么乱子。他们过去就是你的敌人，只是因为被你打败了，只好屈服于你、做你的臣下，他们并不是心甘情愿的。

王猛之所以提这个要求，一方面当然因为他是汉人，他希望保持汉人的安定，一方面也是因为他了解以前秦当时的实力要攻打南方，并没有足够的人才，也没有足够的兵力。但是苻坚并不相信他的话，苻坚动员一百万军力南下，结果淝水一战统统垮掉。这个情况就很像诸葛亮劝刘备不要攻打东吴，刘备不听、执意要打一样。

所以一个领导人如果不听劝告，而只是意气用事、骄傲地一意孤行，通常是会失败的。一个做领袖的人如果不听专业人士的建议，通常成功的概率小，失败的概率大。或是他最初肯听专业人士的话，后来又不听，结果就可能是前面很成功，后面失败。而且通常前面的成功会使他骄傲，以为自己很能干，不知道自己的能干其实是因为有专业人士的帮助。这种例子在历史上也有很多。

西周—春秋，封建—郡县制

我们拿中古时期的发展跟古代相比，也可以有另外一种理解的角度。从西周到春秋战国，实际上并不是一种崩溃；那只是由一个大的结构，分裂成许多小的单位，事实上每个单位依然遵循原来的轨道在进一步发展，等于是将一个大公司分成许多小公司彼此竞争。美国曾经有一个贝尔电话公司，发展到相当大的规模，政府因为贝尔公司发展得太大，已经形成独占的局面，便依照反托拉斯法强迫其分解为许多小公司。这些小公司在自求生路的情况下，必须要开拓自己新的市场，要开发自己新的产品，要做各种研究发展，使推到市场上的设备产品比以前更多更好。今天由贝尔公司分出来的小公司的资本额和服务品质，都比当年贝尔公司独占时代好。西周转化为春秋战国的情形就跟贝尔公司一样，每个小公司尽力去做，结果反而成功了。如果把中国当作一个大的共同体，则并不能将春秋战国时代视为一个分崩离析的时期，而是进一步分头寻求积极发展的时期。各国努力改变自己的内部结构，努力吸收新的资源、新的人才，以面临新的时代、新的竞争。

春秋战国时代，中国由封建体制慢慢转变为郡县体制，秦始皇统一中国其实只是把这些结构相似的小单位结合成为一个庞大的王国而已。

汉：扩大社会基础

秦始皇统一中国后，第二步的工作就是汉朝所为，把全国最杰出的人引入中央政府，为政府做事。经由察举制度，汉朝中央政府扩大了社会基础。由西周到汉朝的转化，都是扩大和提升。古代中国崩溃要等到东汉以后。一些新的世家大族，不愿意只有一代能掌握政府的好职位，他们继续不断培养他们的子孙，独占了察举，互相援引，彼此包庇，使得政府成为少数世家大族的政府，而不是全国民众的政府。这个时候世家官僚，因为长期垄断高层的管理职务，自然会与团体的领袖，也就是皇帝，发生许多冲突。这是一个团体组织老化的过程，不再有新血液的加入，只有旧干部和组织的领导者不断地斗争，削弱了对外界的抵抗能力，也削弱了本身扩大经济基础的能力。东汉的崩溃是内部僵化的过程。

东汉以后，北方进来了许多外族、胡人，他们进入中原，搅乱了汉人已经建立的局面。东汉崩溃了，经过三国仍无法整合，等于开拓了一个弹性的局面。各种新起政权，也愿意尝试以各种不同的方式做整合的工作。在一次又一次的尝试中，北方终于整合出结果。南方也有扩大的机会，由江南扩大到长江以南，北方的流民也渐渐变成南朝的在地民。所以虽然中央的整合没有成功，但是地方却整合得不差。流民和地方人民逐渐融合，形成一种新的人口，到隋唐时代将会发挥很大的作用。

南北朝：扩张经济

所以南北朝并不能被视为一个僵化的时期，也不能被当作一个混乱的时期。南北朝在经济上是扩张的，在人才上是扩张的，而整个整合改变的过程也反映了相当的弹性，找到了本来没有想到的作为和组织的方式。北周将其本身的部落兵和中原的军人结合成为府兵就是一个例子。又如北魏将荒芜的土地定量分配给人民的均田制使得久无生产的中原又恢复了生产力，这些都是很了不起的做法。在汉朝，就不可能会有均田制的实施，因为东汉的世族只会把土地归到自己名下，是不可能把土地分给无田的人民耕种的。东汉也不会有府兵制，因为东汉是全民皆兵，所有编民都是可以征召入伍的。府兵的制度反而使得全国服兵役的人口减少，由一批专业军人世世代代当兵。这些常备军不用国家养，他们也不用缴税，自己种田养活自己。明朝也有类似的做法：卫所的专业军人，自己种田维持自己的生活，不用国家养。府兵制与卫所制对减轻国家的经济负担来说不失为一个很好的方法。若不是因为胡人进入中原，为了他们的特殊需求而进行改变，汉朝政府凭着本身的作为和社会性质，是不可能产生均田和府兵这两个制度的。所以胡人对北方的侵犯看起来是一个灾害，但是从长期的过程看起来，它使得中国文化多了一些新的成分。这些新来的人口不受传统的约束，有相当大的自由发挥的空间，他们能够寻找出一个解决困难的最合理的方法。

组织更新

如果一个组织、一个公司永远是一批老干部在做同样的事情，一定会老化。老化的方式有两种：一种是老干部专权，甚至引用私人，造成公司的派系分裂；另一种是老干部往往习惯于原有的想法，不容易接受新的观念。所以一个公司更新自己最好的方法就是引用专才，在不同的情况之下引用不同的专才。公司本身的资金和资源能够经常开拓不同方向、开拓新的途径，这样公司的基础就会扩大，也许是市场扩大了，也许是产品扩大了，也许是管理的方法精简了，更能够适应新的需求。新陈代谢是必要的。身为一个领导者，最重要的就是有眼光，引用最好的专才，为公司做种种不同的工作，不局限于家人亲戚，更不要以为自己的聪明可以抵过专家的经验。

创业者常常会忽略他之所以成功是许多因缘巧合造就的事实：正好碰到新开拓的空间，正好碰到新产品的上市，正好碰到经济的上升，或者有一群志同道合可以通力合作的伙伴。这都不是他一个人的努力可以达成的，这是大家共同努力的成果。但是创业者成功之后往往忽略了这些因素，忘了打天下并不是只靠他一个人就能成功的，而以为自己眼光特别好，能力特别强，不再有宽大的胸襟去接受新的意见、去罗致新的干部，也不愿意去做新陈代谢的工作，更不用说去做开辟新的市场、扩大自己的资源、改进自己的产品等种种努力了。所以，中国历史上许多开国的皇帝，等到他们老了以后，当年的丰功伟业反而成为他们继续开展事业的障碍，当年一起打拼的伙伴反而成为他们的绊脚石。这种例子多得很，在政治上如此，我想在企业上也一定有这样的情况出现。

结论：人的因素，而非谋略

总结这几节，到现在为止我们所讲的都是中古时代的情况。由周公到南北朝时代的终了，大约有两千年的发展，我们只挑一些重要的段落讲解，举出几个例证、几种模式，包括发展的模式、整编的模式、老化的模式。我们强调的大多是人的因素，当然我也谈到有一些制度与策略上的问题。但是有一个因素是我从来没有谈到的，就是谋略。为什么谋略不重要呢？因为谋略只有短暂的效果。许多人看《三国演义》只是看谋略，看日本幕府时代的历史也只是看谋略，实际上这并不是真正的从历史吸取经验的方法。谋略或许在个人斗争之间有一时影响胜负的效应，但是谋略不会建立一个长治久安的王朝，也不会创造一个长久可用的制度，更不会在历史或组织的发展上有长期的效应。我个人对历史的态度是以长期过程来看，而不是以个人一时的胜败得失来看。所以这一点希望读者原谅，我不愿从谋略的眼光出发，因为那是非常狭隘也是非常短视的。

我希望读者从这些故事里能了解到：许多时候好像已经山穷水尽，但如果找到对的方向，往往能够开拓新的局面；

看上去是崩溃的一刹那，其实往往是一个新的局面的开始。中国古代的历史，并不是纯粹由原始文明进化到高级文明。人类许许多多进展是一点点实现的，下一个朝代不一定比上一个朝代更好。每个时代有它的需求，有它的条件，有它的环境。我也不希望大家将中国的中古时期视为一个黑暗期，事实上它是一个转型期。走到穷途末路的局面时，才能走出新的方向，开拓新的格局。中古实际上是一个重新整顿、转型的时期。当然，这是一个相当长的时期，经过了长久的转变，中国的另外一个春天终于到来，也就是隋唐的中国鼎盛期。这个春天也要花很长的时间才会走完，要走到它又面临困境、需要解决许多积淀的问题时，才会结束，这些我们将在下一章讨论。

第九章

领导与纳谏·唐

社会改变、经济改变，政府所要提供的服务的性质也有改变。我们曾经比喻，如果政府能提供的产品是服务，则对外是安定，对内是繁荣。

唐代是中国历史的第二春，历史上的第二大帝国，这个大帝国的规模和结构事实上是在南北朝的时候就逐渐形成的。到了唐代，皇帝和辅臣的关系有了很大的改变。以往中国是有宰相的，有时候是一个，有时候是两个，宰相是政府的首领；不管是三公还是丞相，政府全部归他管，政府和宫廷是分开的。但是到了唐代，政府分成了三个部分：一个是管设计的中书省，一个是管执行的尚书省，另一个是管封驳的门下省，封驳也就是考核政策。一个政府分成了这三个部分，而这三个部分之上并没有一个总领的主管。这个主管由皇帝自己来做，等于董事长之下不再有总经理了。如果将皇帝视为一个董事长，三省就是秘书处，秘书处分成几个单位，每个单位都直接听董事长的指挥。我们姑且称之为董事长制吧，这种制度之下当然皇帝的力量大得多了。没有了可以平衡外廷和内廷的机制，这种安排和汉代是很不一样的。

但是谏官、言官能发挥相当的制衡作用，他们可以批评政府的所作所为，甚至可以规劝皇帝的私人行为，所以皇帝也不是没人管的。谏官、言官依祖宗传下来的制度对政府的所作所为加以批判。

至少这三个单位已经没有总的领袖了，没有宰相做总的执行首脑，这是没有CEO的单位。制度的缺陷，很快就出现了。这三个部门互相牵制、互相制衡，在执行命令的时候不一定方便。三个部门中的两个，中书和门下，也就是制定政策和考核政策的部门，不久即结合在一起，可以说事先设计和事后审议，预先得到协调。知中书门下事，成为实质的宰相。通常这个职位不止一个人，皇帝会派若干人，共同议事。于是，唐代不是只有一个宰相，而是有一群宰相管事。这些人就是皇帝的机要秘书，为皇帝做出决策，也为皇帝审核政策是否符合法律与惯例。

集体宰相制度

这种集体的宰相制度，从唐朝至清朝，一直持续着。明朝有过短暂的宰相制度，但是很快宰相就不掌实权了，又由几位大学士担任辅佐，仍是以集体秘书处的方式。从唐朝到今天，我们政府的最高执行长官，都是很多人共同组成的一个秘书单位，这个秘书单位由最高的长官——董事长承担筹划与重整的工作。本书中讲到董事长与总经理职权的平衡，自此以后没有一个总经理可以真正掌握全部的权力。

唐朝的这个制度有好处也有坏处，好处是集思广益，一群人商量事情，很多不应当的事情，或是该做的事情都可以立刻发现、立刻解决。贞观之治有所谓房谋杜断，就是房玄龄和杜如晦一起辅佐太宗，成为合作的好榜样。贞观之治时，房玄龄构思策略，杜如晦做最后的决定。一个是有谋略的人，一个是有决断能力的人，这两个人组成了一个非常好的工作队伍。可是中书门下的队伍，对皇帝不像汉朝时的丞相有那么大的制衡作用。唐代的知中书门下事只是接受皇命做事。可是因为它是政府里的中枢部分，所以还是有一定的权威的。唐朝规定，不经过中书门下发出来的诏书是不算数的。理论上不经过政府发出的诏书，是没有作用的，人民可以不遵守。皇帝的敕命，除非是皇帝私人的诏书，否则一定要经过政事堂（也就是宰相集体开会的地方），才能真正算是政府的命令。于是这个秘书处对皇帝有副署权，没有宰相同意，皇帝连要任免一个官员都不可以。如果皇帝要免除宰相中的一员，一定要其他若干位宰相替皇帝下诏书。皇帝不可以自己把所有的宰相全部罢免，全部换新的，这是行不通的。

副署制度

唐朝的副署制度一直延续到宋朝。宋朝有一个很有名的例子：宋朝的开国皇帝宋太祖，要换一批宰相，但是全部的宰相都已不在，没有人可以副署。当时首都开封府尹是皇弟赵光义，也就是后来的宋太宗，因为开封府尹照例列席中书门下的会议，等于算是一个宰相，于是宋太祖只有让开封府尹暂时代理宰相的职务，副署派任了一批新的宰相参加这个集体的秘书处组织。

唐朝倒没有这种情形发生，但是从任何命令都要副署的情况来看，副署制度对王权仍然有一定的制衡作用。唐代体制的稳定程度比起汉朝就差了，因为是集体的组织，效率就差了点。一旦政府的效率差，内廷的力量相对就大了。所以唐朝如果碰到一个糊里糊涂的皇帝，政府的力量就大；相对地，如果碰到一个精明干练甚至刚愎自用的皇帝，王权的力量大，宰相的权力就相对小了。

真正好的皇帝，像唐太宗，他的脾气并不顶好，但是如果谏官、言官对他有所规劝、有所批评，他通常会压着性子接受。唐太宗纳谏的雅量一般被认为是中国皇帝里很少见的。唐朝有一个女皇帝武则天，后来自立国号为周，她以皇后的身份，在唐高宗时就掌权了。唐高宗的身体并不好，性格也很懦弱，皇后却是一位性格很强势的女子。唐高宗在世的时候，武则天就听政，唐高宗去世后，她干脆自己听政听到底，把太子摆在一边，不让太子登基做皇帝。武则天也是很能接受劝谏的人。

在唐太宗时有一位重要的大臣魏徵，常常有事没事批评皇帝，[1]皇帝也耐着性子接受他的批评。有几次他批评得太厉害了，皇帝气得说要杀了他、赶走他，长孙皇后却说：恭喜你有一个这么好的臣子，能够不怕丢官、丢命地规劝你。

唐太宗听了这些话，也就忍耐住了，让魏徵继续批评。武则天也有一位这样的臣子——狄仁杰，他也是在朝廷上直言极谏，向来没有什么隐瞒，因为他批评得很中肯，所以武则天对他也很信任。

像魏徵和狄仁杰这种人物在朝廷里还能替政府保有制衡王权的功能。当然这些都不在执行单位——负责执行的是尚书省。原本中书省、门下省、尚书省是三个平行的单位，但中书、门下等于合而为一，凌驾于尚书省之上。尚书省本身没有长官，实际上只有六部，每一部的尚书完全是奉命行事。这样的结构要是碰到肯听劝谏的好皇帝，集体的宰相还是可以发挥一定的功能的。中书省与门下省中，总有一两个性格特别强势的人，这种人往往会成为领导者。所以集体的宰相中总会出现一个相当于以往CEO的人物，虽然权力没有汉朝的丞相那么大，但是因为他是决策者，也因为他能对皇帝有一定的影响，所以这种人物在唐朝历史上常常扮演着举足轻重的角色。在这一讲里，我们就会举几个代表性的例子。

唐朝盛世

唐朝是中古时代的新帝国，这点我们刚刚已经讲过了。唐朝本身也有过转变，以安史之乱为分野，我们可以将唐朝分为前后两个阶段。在前半阶段，从高祖到开元，唐朝可说是国富兵强。国家富是因为均田制度并没有毁坏，基本上大部分的农民都有国家配给的田地可耕种，生产力是相当高的。当时并没有任何大的内战或内乱，国家是统一的。府兵制仍然继续，府兵制度使得国家有足够的兵源，不但可以抵抗外患，还有征伐的力量。对外没有外患，内部生产又很积极，所以这时候的唐朝，人民生活是相当不错的。

最好的一段时期应是武则天当政的时期，虽然当时国内有一些小动乱，因为有些人不服这个女皇帝，但也没有成大事，战乱很快就平定了。从武则天时代到唐玄宗初期，都是相当太平的年代，老百姓得到休养生息，生活极为安定，是中国历史上的盛世。诗圣杜甫曾回忆，开元盛世时在全国旅行不用带很多旅费，一路都很安全。每个小城市都有很多居民，生活都相当富足。这种日子在中国历史上是很少见的，即使在世界历史上，治理这么一大片土地，而能使得土地上绝大多数的人民生活都很安定、很富足，维持几十年的太平岁月，这种成就也是相当难得的。这样的成就归功于唐代政府所采取的策略是不多干预百姓，内部安定，听任老百姓提高自己的生产力。

在国防方面，府兵是常备军。但是过了一段时间之后，府兵慢慢老了，他们的子孙虽然顶着府兵的名头，但是未必有用。职业兵是不能养太久的，养太久会丧失作战能力，尤其不能世袭，世世代代都当兵，这是行不通的。等到唐玄宗时，出现了雇佣兵，尤其是雇胡人在边境当兵。政府招募职业军人进驻中央，称禁卫军。中央的雇佣兵中，也有一些是胡人，他们到中原生活，觉得做唐朝的军人也不错，就加入了部队。当政府以职业军人为主要兵力时，府兵就渐渐失去了作用，中央也多出了一大笔养兵的费用。以职业军人防守边疆当然很好，但是当抵御的外患和防守的队伍实际上来自差不多的族群时，问题就来了——不能用胡人抵抗胡人。罗马亡在这一点，唐朝也因此而衰亡。安史之乱一起，唐朝的情况就变了，唐初以来的太平盛世就此不再。安禄山、史思明等人认为：既然我们握有兵力，为什么不自己做皇帝，为什么还要替唐朝防卫边疆呢？所以安史之乱基本上是边缘向中央挑战，是外族向汉人的挑战，并不完全是内乱。

盛世转弱

安史之乱后，唐朝的情况完全改变，不论外在或内部。南北朝后，有力量的世家大族减少了。当然并不是唐朝没有世家大族，但是远不如过去那样重要。大族势力下滑的一个原因是实施均田制，国家长时间地实行均富政策。另一个原因是唐朝开启了真正的科举制度，天下的老百姓都可以参加政府选拔官员的考试。唐太宗曾经说过一句有名的话：天下英雄入吾彀中矣，就是说天下所有的英雄都被我打猎的长绳抓住了。彀是一根长绳子，打猎时，一端绕在弓上，一端绕在箭上，可以把打到的飞禽拉回来，是一种打猎的工具。天下英雄入吾彀中，也就是说天下英雄都被我网罗了。科举制度加上比较公平的均田制度，使得平常人家子弟受教育的机会增多，平民进入政府的机会也相对增多。当然科举考试，有钱人的子弟、官宦家子弟考取的机会比一般农家子弟大，因为他们有机会好好读书，有钱请很好的先生，认识很多朋友，社会关系也比农家好得多。唐朝的科举制度并不是真正平等的，但是至少有了科举制度，许多平民的确可以进入政府服务。唐朝在社会结构上比南北朝开放，许多贤才可以进入政府——这是结构上很大的改变。这个改变有点像汉朝有了察举制度，政权是开放的。这个管理机构有弹性，也有机制，可以吸收最好的人才进入管理机构去做事，慢慢由小的干部做到大的干部。

经济生活

除了结构改变，唐朝的另外一种改变是在经济方面，长期的繁荣和安定，使得经济有了根本的改变，财富增加了，人口也增加了。人口增加使得原来的均田不够用了。有些地区没有那么多公家的土地分配给人民，所以在均田制度之外，有许多人必须另外找出路。往南方迁移是一种选择，南方天气好、资源丰富，吸引了许多人，所以南方发展了新的经济，譬如瓷器、丝织、不同的农产品、矿冶品（如铁矿、铜矿）。这种新的经济形态与南北朝有很大的差异。

就整个中国来说，国家基本上是安定的，旅行、交通来往都很方便，所以商品的流通非常方便。这种刺激之下的市场经济不再是像南北朝时期那种呆滞的、以实物为主的经济形态，而是以货币为交易基础的经济形态了。货币经济代替实物经济是很重要的现象。汉朝也有一段时间实施的是货币经济，而且汉朝的货币是铜钱，价值非常稳定。汉朝之后，南北朝又恢复实物交易的经济形态，用布帛、米粮作为交易的基础。到了唐朝，又恢复了货币经济，而且唐朝的货币经济比汉朝活跃很多。南方繁荣的市场与货币经济，使中国的经济结构有了根本性的改变。

社会改变、经济改变，政府所要提供的服务的性质也有改变。我们曾经比喻，如果政府能提供的产品是服务，则对外是安定，对内是繁荣。唐朝大致实现了这两个目标。但是内部的要求，尤其在繁荣方面，就不再只是使人民吃得饱而已，而是如何使商品流通更方便、使货币能代替实物成为交换的单位，货畅其流，物尽其用。对外，唐朝本是强盛的国家，在开元以前没有严重的外患，在安史之乱以后，才形成外患内忧两面交逼的情形。胡兵胡将，反目成仇，原本是外敌的回纥、突厥等族，反而常常被唐朝借来抵抗东北方面的胡兵胡骑，所以外敌反而变成国防军。

这种奇怪的情况使得唐朝面临了一个新的难题：怎样拿

自己手上的资源平衡外敌与内敌，使大部分的地区还可以维持安定。原本为了保卫边疆而设立的官职，也就是节度使，在安史之乱以后变成对政府的威胁。本来是保卫国家的军队，现在是国家要抵抗的对象。国家必须另外养一批兵，并且雇用外族的部队，抵抗常常反叛的节度使。这是过去汉帝国没有遇到过的问题。所以唐朝在安史之乱以后，政府可以提出来的解决方法和以往就迥然不同了。

如果我们要考察唐代的制度，则不能以前半段的太平盛世为准，而要看安史之乱以后，政府如何做决策；也要看唐朝君臣如何合作，看一些有风格与能力的大相做了什么事情，做不到的又是什么事情。由唐朝的个例来看，唐朝不可能出现诸葛亮这一类人物，也不再可能出现萧何这一类人物。唐朝出现了另一类政府决策人物，他们谋虑与劝说的过程跟以往不一样。皇帝的性格，皇帝的处境，都使得原本他们架构好的决策，因为许多的变数而不能执行。这些辅佐皇帝的大臣，他们的处境基本上是相当困难的。

注释

1. 夏，四月，己卯，魏徵上疏，以为："人主善始者多，克终者寡，岂取之易而守之难乎？盖以殷忧则竭诚以尽下，安逸则骄恣而轻物；尽下则胡、越同心，轻物则六亲离德，虽震之以威怒，亦皆貌从而心不服故也。人主诚能见可欲则思知足，将兴缮则思知止，处高危则思谦降，临满盈则思挹损，遇逸乐则思撙节，在宴安则思后患，防壅蔽则思延纳，疾谗邪则思正己，行爵赏则思因喜而僭，施刑罚则思因怒而滥，兼是十思，而选贤任能，固可以无为而治，又何必劳神苦体以代百司之任哉！"（《资治通鉴·唐纪十》）

五月，壬申，魏徵上疏，以为："陛下欲善之志不及于昔时，闻过必改少亏于曩日，谴罚积多，威怒微厉。乃知贵不期骄，富不期侈，非虚言也。且以隋之府库、仓廪、户口、甲兵之盛，考之今日，安得拟伦！然隋以富强动之而危，我以寡弱静之而安；安危之理，皎然在目。昔隋之未乱也，自谓必无乱；其未亡也，自谓必无亡。故赋役无穷，征伐不息，以致祸将及身而尚未之寤也。夫鉴形莫如止水，鉴败莫如亡国。伏愿取鉴于隋，去奢从约，亲忠远佞，以当今之无事，行畴昔之恭俭，则尽善尽美，固无得而称焉。夫取之实难，守之甚易，陛下能得其所难，岂不能保其所易乎！"

…………

魏徵上疏，以为："文子曰：'同言而信，信在言前；同令而行，诚在令外。'自王道休明，十有余年，然而德化未洽者，由待下之情未尽诚信故也。今立政致治，必委之君子；事有得失，或访之小人。其待君子也敬而疏，遇小人也轻而狎；狎则言无不尽，疏则情不上通。夫中智之人，岂无小慧！然才非经国，虑不及远，虽竭力尽诚，犹未免有败，况内怀奸宄，其祸岂不深乎！夫虽君子不能无小过，苟不害于正道，斯可略矣。既谓之君子而复疑其不信，何异立直木而疑其影之曲乎！陛下诚能慎选君子，以礼信用之，何忧不治！不然，危亡之期，未可保也。”上赐手诏褒美曰：“昔晋武帝平吴之后，志意骄怠，何曾位极台司，不能直谏，乃私语子孙，自矜明智，此不忠之大者也。得公之谏，朕知过矣。当置之几案以比弦、韦。”（《资治通鉴·唐纪十一》）

第十章

权力集中·唐

我们将这个治国的道理，运用到企业经营上，也是一样的。一个好的领袖、好的决策者绝对不是自负的人，而是谦虚的人，他能听取不同建议、不同想法，容许许多人帮他，分析建议，做出最合适的决定。

如果我们以公司的组织做比喻，则唐朝因为是单一首长制，所以调节转圜的空间相当有限。一个董事长做错了事，就全盘皆输。一个董事长不听劝解，纵有再好的人才也无法发挥作用。以唐玄宗为例，他在位前半段有一些非常好的辅佐，如张九龄、姚崇、宋璟等。所以唐玄宗在年轻的时候，可以把国家治理得很好。基本上，开元时期老百姓生活得相当不错。到后半段，他老了，也懒了，身边没有贤良，反而任用了一些能力差、有私心的宰相。开元和天宝就形成了两个截然不同的时期。

唐朝的情形与汉朝很不一样。汉朝即使皇帝不行，只要政府本身不出乱子，国家依然可以维持相当稳定的局面。一个好宰相通常可以平衡比较差的皇帝。但唐朝就不行了，在单一首长制之下，皇帝享有的权力是绝对地大，政府平衡他的机会、力量就相对地小了。如果皇帝用错人、做错事，政府就一筹莫展，非垮掉不可。唐朝在唐玄宗以后就垮过好几次，因为玄宗以后的皇帝多有刚愎自用的毛病，不听劝，而且信任有亲戚关系或说好听的话的人。虽然我们常道汉唐盛世，但是唐朝自天宝以后，老百姓的生活是很不好过的，政府提供的服务也很差。这几乎是单一首长制的国家都会出现的问题。

单一首长制

总统制与内阁制相比，总统制比内阁制的效能要差很多。总统制是单一首长制。比如美国，政府虽然是总统制，但是因为有公开的舆论，有两党竞争、轮流执政，做不好就换掉，单一首长制不会出现太大的问题。但皇帝不是说换就换的，也不能把皇帝罢免再选一个新的。皇帝制的单一首长没有可以制衡他的力量。中国从唐朝到清朝，一直都是单一首长制的局面，这是中国历史上相当不幸的一点。从唐朝到清末有一千多年，这中间中国基本上一直没有发展出民主制度。

我们不能在内阁与总统平衡的情况下，还让单一首长一权独大。我们必须要了解，不能因为一个人好或者我们喜欢一个人，就让他一直掌握权力，到最后尾大不掉。领袖的品德固然要紧，但是一个人掌权的时间不能太久，因为一方面年岁大了、精力衰了，能力也相对地降低了；一方面一个人在高位久了，周围经常有阿谀恭维的话，就会使他不再有反省能力，不再能听不同的意见。这就是权力腐蚀人心，绝对的权力就是绝对的腐蚀。等到领袖被腐蚀而不自觉，而大家还盼望他如同从前一样好的话，那就是个虚假的愿望了。一个原本我们觉得有能力的人，在单一首长制度下，也不再能够有效地领导。这对国家本身和老百姓而言都不是好现象。将国家的前途寄托于一个杰出而强势的领导者，不只是中国人的毛病，外国人也有这样的毛病。俄国人也常常说一个好的沙皇解决一切。中国人常常盼望有一个好的领导者，可以完全依靠他，甚至希望这个领导者有很多的权力，国家就可以安定。其实不然，这样的想法往往害了领导者，也害了全国百姓。把全国的福祉交给一个没有反省能力的首长后，没有任何纠正的机会，也没有任何帮助他纠正的机制，这是很危险的事。

下面我们还是回到唐朝本身，来讨论唐朝的问题。我们从安史之乱以后的肃宗、代宗、德宗这三朝，来讨论三朝中几个重要的人物，看看他们的作为，从不同角度来看单一首长制的缺陷。安史之乱以后，跟贞观时期相比，同样是单一首长制，在皇帝完全掌权的情形下，情况却有很大的差别。唐太宗是一个非常小心的人，他虽然雄才大略，花了许多资源和费用开疆辟土，但是国家情势仍然很好，主要是因为唐太宗有值得信赖的宰相，如房玄龄、杜如晦等人。他们为皇帝荐用贤良，做出正确的决策。他们的作风缜密，他们为皇帝所提的建议外面并不知道，不争功不夺权，一切光荣都归皇帝。他们支持政府打仗，大将立功，但是却不争夺功劳。其实他们是在支持作战的将领，不断地提供资源，使大将能在外面立功。他们也不抢重要谏官的光彩。唐太宗身边一个相当有名的谏官魏徵，常常劝太宗不要做这、不要做那。房玄龄和杜如晦不但帮助谏官劝谏太宗，也尽力维持太宗对谏官的信任。这两位贤相，在维持唐太宗的君臣关系以及朝廷和谐上有很大的功劳。但是他们并不出风头，并不认为只有他们建功立业。

在这段时期，宰相的角色是一个设计者，只是做规划而已，并不干预到执行方面。单一首长制在此时实行得很好，一方面也是因为唐太宗个人比较肯听别人的建议，能够得到许多不同的意见，使得他可以从不同的想法中做出最好的裁断。

相对来讲，安史之乱以后，唐朝有一位李泌，他连续在三朝皇帝手下担任重要职务。在安史之乱后，玄宗逃到四川，肃宗留下来编集散乱的兵力，准备反攻。李泌就是在那时到肃宗身边工作的。他当时年纪很轻，却已得到天下重名。他平常的表现不像做官的人，常常一袭白袍；他的作风就是不让大家知道他是皇帝身边重要的谋臣。他是相信道教的，不愿意做官，即使后来官拜宰相，也常常要请辞回家。

李泌对唐朝的中兴有很大的影响，但是他的意见皇帝并不是都采纳的。皇帝并没有听信他的几个重要的建议。比如说，他向肃宗建议，安史西犯，唐朝的军队应该是一支挡住东边、一支挡住南边、一支由北边进攻到安禄山和史思明的老家。这个策略其实相当不错，但是肃宗并没有采纳。到了德宗时，吐蕃进犯，当时唐朝西边有回纥，更西边是大食，南边有印度，云南地区有正在兴起的云南国，也就是后来的南诏。吐蕃是在西藏地区的一个中古时代的政权，相当强大，是当时唐朝的大敌。李泌建议，利用回纥、大食、天竺、云南这四支力量，围攻吐蕃的后面。[1] 这是一种远交近攻的策略，在国际上合纵连横是常见的手法。对于这几个重要的问题，李泌其实提供了相当多的好建议，但是皇帝都没有采纳。肃宗、代宗、德宗，都是相当刚愎自用、猜忌心甚强的皇帝，尤以德宗为甚。

唐朝的经济

再来看看当时的经济情形。唐朝初年的时候，均田制实施得很不错，人民有自己的土地可以耕种，纳税的方式是一部分地租、一部分劳力、一部分自己出产的丝织品。在唐初刚刚由南北朝转变过来，还没有完全发达的情形下，这种实物地租、劳力租税的方法，对国家是相当有用的。同时，府兵也不用国家花很多钱，就可以自给自足。此时的经济形态等于是大的租户和小的佃户之间的关系，全国的农夫就等于是国家的佃农，这种经济形态是相当简单的，并没有强大的货币经济，仍是实物经济。到了安史之乱以后，唐朝已经有了货币经济，而且南方也得到了相当的开发，中国经济的重心已经转移到了江南一带。此时人口和土地无法相配，均田制已经不再平均；人口不断增加，和土地之间的比例不断地改变，区域性的不平衡尤为显著。以均田制度作为基础的纳税制度脱离了现实，加上府兵制被破坏以后政府必须耗费相当多的费用养常备军[2]，唐朝经济不再景气。

财经专家：刘晏、杨炎

安史之乱以后，政府必须维持强大的作战武力，又必须维持地方的武装力量，费用是相当庞大的，在税收不够的情况下，就必须开辟新的财源，建立新的财政政策。所幸德宗有两个重要的财经专家，帮助他解决问题，一个是刘晏，一个是杨炎。刘晏担任的是转运使，后来等于是负责了全国的财政筹划。他制订出了两个办法：第一，配合当时出现的市场经济的条件，以政府手上的财富作为筹码，使得政府可以得到利润，老百姓也不会面临缺乏物资或物价太高的困难。当时政府在各地收了许多实物，如绢、帛、粮食和食盐等等，但是因为战乱的关系，物资交流并不算很好。于是刘晏就派一些走路很快的信使，到全国各地去勘查物价，然后将最贱的货物运到售价最贵的地方出售，如此一来，老百姓可以得到较便宜的物资，另一方面政府也得到相当的利润。对于盐也是一样的方法，政府把盐运到盐价高的地方储存，等到盐价太高时，公家的盐就立刻可以用。政府又将盐场出产的盐卖给盐商，让盐商自行调整利润，找最贵的地方卖。如此，盐价就可以一直维持平稳，也不会有盐量分配不均的情况了。该办法的原则仍以老百姓为优先，只要老百姓有足够的收入，政府的税收就会增加，不必再增加其他的苛捐杂税。

第二个办法是在粮食短缺，但还没有酿成严重灾难的时候，将囤积的物资拿出来接济百姓。这样，老百姓就不至于穷困，如果老百姓很快就渡过难关，生计就不至于太坏，就可以很快地从灾难里恢复起来。基本上，唐朝政府下的大部分人口，并没有受到太多天灾人祸的威胁。老百姓富足了，国家的税收也就多了——这是刘晏的一般原则。平抑物价以及预防灾害两点，都是使老百姓得以安居乐业的重要政策，百姓安居乐业，政府也就有足够的财源供给开销。

刘晏刚刚担任转运使时，全国纳税的户口只有两三百万户，到了他任期结束时，纳税人口增加了好几倍。刘晏手下也有很多助手，他训练他们成为尽责、能干、清廉、精明的一群人。同时他查他们的账目也是相当严格的。刘晏的部下们都很害怕他，也佩服他，他也不会亏待他们，一旦查到贪污，立刻惩罚，非常廉洁的人也有很多奖励。自刘晏以后好几十年，唐朝的许多财务官员都还是刘晏训练出来的。

另外一位财经专家是杨炎。前面我们已经说过，均田制到了唐朝已经崩坏，土地和户籍不相配，尤其是区域性的不平衡非常显著。杨炎将均田制改为两税法，将本来依均田制收取的租、庸、调，改为分春夏两季收两次税；收的是户税和地税，只要有户口就收户税、有土地就收地租。两税法简化了纳税过程，又使得纳税的对象容易稽查，也就既扩大了税基又稳定了税源。两税法收取的税已经由实物变为货币了，这可以说是适应当时的货币经济而制定的措施，它使得政府税收增加了好几倍。

这两位财经专家所定的政策都正切时要，但是在个人命运上，却不是那么顺利。杨炎陷害刘晏，使得刘晏冤死，而杨炎自己又被另一个奸臣害死，最后这两个财政大臣都不得善终。这情形和唐初相比可以说是天壤之别，安史之乱以后的唐朝，是相当冷酷无情、是非不明的。

唐代的谏官

唐初谏官，比如说魏徵，常常劝谏太宗，要亲君子远小人，要多听不同的意见，要虚心听大家的劝告。基本上唐太宗听魏徵的话，而且也欣赏魏徵，认为魏徵是他的一面镜子，可以让他知道哪里做得对、哪里做得错，如果魏徵不在旁边，就失去了一个提醒他的人。曾经有一次，唐太宗要去打猎时，魏徵来了，他不敢跟魏徵说他要去打猎，就把打猎用的小鹰放在袖中，等到魏徵走了，小鹰也死了。由此可见，唐太宗对谏官是相当能接受而且尊重的。相对地，代宗、德宗对听谏就不是那么有度量了。当时最有名的一位谏官是陆贽，他在德宗身边提出过不少意见，但却不见得被采纳，这和太宗就很不一样了。魏徵在太宗时代得到善终，陆贽却被放逐。陆贽的文章，留传至今。《陆宣公奏议》是著名的论述文，一直是中国古文里的典范，说理清楚且情感真诚。

举一个例子，公元783年，德宗建中四年的时候，皇帝询问：到底出了什么问题，使得国家这么不安，有这么多叛变，政府几乎无法运作？陆贽复奏，当前最重要的就是了解老百姓要什么，老百姓想要做的事情就帮他们做好，老百姓讨厌的事情就不要做，也就是民之所欲了。基本上，治乱趋于人心，太平或混乱都是因为人心。所以在混乱、变动的时候，老百姓是希望安定的，只要找出老百姓希望安定的原因和方向，天下自会安定。君主应听取各地的意见，不能偏听自己爱听的话，要满朝文武、地方首长将各种意见传达到政府，下情上达、上情下达。真正的领袖应以天下的智慧助长自己的智慧，只要君臣同心，天下还会混乱吗？这些话看上去很简单，事实上却很重要，这些事情是不能够偏废的。这篇奏章到了德宗那里，德宗根本不理会，陆贽不甘心，又说，立国的根本是得到群众的拥护，要怎么知道群众是否拥护你呢，必先要知道群众的情感和愿望。所谓治国的道理，不外乎是了解群众想要什么，群众的想法如何。以《易经》来解释，如果乾卦在下面、坤卦在上面就是泰，太平的意思；坤卦在下面、乾卦在上面就是否，是不好的。巽卦在上面、震卦在下面就是益，是得益的；艮卦在上面、兑卦在下面是有损害的。天在下，地在上，看上去不是倒过来了吗，怎么会说它好呢？因为君臣能沟通。君在上，臣在下，不是很好吗，怎么会是否呢？因为上下不能沟通，上面的人不听下面的人的意见。上面的人强加自己的意见在下面的人身上，只能说是损害。政府是船、民情是水，如果政府顺着民情走，就浮，否则就沉没。君主一定要听人民的话，信任下属的建议。君主常常拿威严压人，对人相当严厉，这样流弊就多了。远的人不了解你，就怀疑你；近的人了解你，就躲避你，想办法把自己的错误掩饰起来。君臣之间没有办法合作，上下是相隔的。陛下自己生气，老百姓却没有办法了解你生气的原因。陛下不能开诚布公，使得大家不愿意对你讲真话。这半年来，陛下一直封闭自己，不肯听别人的话，大家出入都恭恭敬敬，这宇宙之广，谁会跟你说真话？虽然你也有机会单独接见大臣、使者，但是大家都怕你，没有人敢跟你说真话的。

诚信为要

这次唐德宗接到他的意见之后，就派人传话给他："我对人是很诚恳的，我也很愿意接受大家的意见，但是我开诚布公，反而有人想害我，所以我现在不得不有所防备，并不是我不愿对人诚恳。"其实这当然是德宗本身的猜疑性格所造成的。德宗又说："你们这些劝谏的人常常将过失推到皇帝身上，其实我看你们说的话都很普通，为什么我要相信你们呢？如果你们能够说出让我信服的话，我一定采纳。"陆贽这时复奏："你一定要接受许多不同的意见，如果各人的意见看起来都接近，那就是大家的想法相同。你对人要有诚信，对别人的劝谏要能够容忍，不能轻易生气，或是想借机报复。诚与信是最重要的，一不诚，你就会防备别人；一不信，别人就会防备你，如此上下之间就隔绝了。表面上，你是用聪明才智去压人，事实上是欺骗诈谋；说是你在防备别人，事实上是别人在防备间取巧，用许多迎合你的意见，断绝了真相的通路。所以诚与信是绝对要注意的。你不要用一己的聪明才智去掩盖自己的错失，否则一个错失盖过一个错失，永远不会得到真正的意见。你也不能说大家的话都一样，就不值得听了。要知道，大家之所以会有一样的意见，一定有其道理，不能因为大家讲得都很像，就不去听；如果你愿意听，大家都会跟你讲真话，如果你不愿意听，就没有人跟你讲真话了。"

陆贽又说："有九个毛病是大家都有的，其中有六个是属于领袖常犯的，有三个是一般人常犯的。这六个毛病是哪六个呢？第一个是我要胜过别人；第二个是不愿意听人骂我，数落我的过失；第三个是喜欢辩论；第四个是觉得我比别人聪明；第五个是逞自己的威严；第六个是拒绝别人的建言，刚愎自用。以上是领袖人物常常犯的六个毛病。臣子常犯的毛病就有：阿谀、畏畏缩缩、看脸色说话。这三个毛病加上刚才讲的六个毛病，天下就没有人敢跟你说真话了。上情不通于下，下面的人就迷惑；下情不通于上，上面的人就不知道该做什么事情，没有办法真正有所依据地做决定。所以君主应该了解，劝谏你的人多，就表示你能接受不同的意见；劝谏你的人说话很直，就表示你能容忍；劝谏的人说错了话、说话很狂，就表示你能宽恕；劝谏的人泄露了劝你的事，就表示你能遵从别人的劝谏。这个时候，劝谏对你才真正有用处。”

罪己诏

陆贽这些话说了很多次[3]，但是德宗只有一次听得进去。古代君主，在大乱时，要下罪己诏。在德宗兴元元年，即公元784年，唐代几个重要的藩镇反叛，德宗一筹莫展，京师缺粮少兵，只好下罪己诏，责备自己。德宗自己写了一篇，给陆贽看，陆贽看后觉得不够诚恳，帮他写了一篇。这个诏书颁布天下，并改元贞元，就是代表与民更始，一切重新再来。他在诏书中说：我从小生长在宫中，不知道下面的苦，不知道当军人的苦。我只听信别人告诉我的消息，假的当成真的，真的却听不见。我这样的作为，使得天下大乱，老百姓日子过得不好，政府不安定，国家因此内乱。这是我的过错，我必须要挑起这个担子来，不能推卸给别人。我要把过去的苛捐杂税都去掉。除了叛军首领有罪，我也不责备跟随反叛者的军人。让我们一起重新开创一个新的局面。

这份诏书颁下，民心大悦，大家都佩服皇帝的坦诚，连反叛的军人都哭了。中国历史上常有下诏罪己的例子，在天下出了事的时候，皇帝担起所有的责任。陆贽这篇稿子，内容很动人。他站在皇帝的立场，把所有的责任都揽在身上——作为一个领袖，自己有权，把所有的责任都推在属下身上，一旦出了问题，就责备别人，而不是责备自己，这种人恐怕不是一个好的领袖，他身边可以用的人只会越来越少，不会越来越多。所以中国皇帝下诏罪己的传统，倒是相当值得今天的执政者借鉴。美国的杜鲁门总统曾经说过一句话："所有的责任推到我桌前，我就不能再推了；一桶桶的水传到我这里来，我就不能再传了。因为我是最后一个人，所有的责任都应该我扛下来。"如果一个领袖在出了事的时候，只会责备身边的人，认为大家都错，只有他自己没错，只有他可以纠正大家的错，那么将来就没有人能替他分忧、替他分劳。国家的领袖要有担当，一个公司、团体的领袖也要如此。如果功劳都归自己，过失推给别人，以惩罚、责备掩饰自己的过失，那么不久这个公司一定会人心涣散，没有人能在这个领袖周围做事了。

虽然陆贽如此尽心，但是他的运气并不太好，最后德宗还是将他发配边疆；这和太宗时的魏徵相比，真有天壤之别。不过，他的《陆宣公奏议》一直流传至今。唐朝的文章中，陆宣公的奏议是很著名的好文章，因为情感真挚且条理分明。陆宣公的许多文章翻成白话文，都还可以成为报纸上社论的范本。这种以理胜情、以诚传达自己的逻辑思考的文章，是很正当且叫人佩服的，假如今天我们在社论上看见这样的文章，我们一样也会感动。

君主专权

将贞观时期和唐中叶相比，可以看出唐朝最主要的弊病就是单一首长制，几乎所有的权力都掌握在皇帝手里，其他人只是辅佐与参谋，听不听谏言全在君主。历经肃宗、代宗、德宗三朝，唐朝一直在危机中度过，内忧外患不断。当时并不是没有人想出解决的办法来，只是皇帝往往不用，或是用得太晚，或是相信身边的小人。顺我者昌，逆我者亡，最后只剩一些小人围绕在君主身边。唐代的这三个皇帝基本上都犯了同样的毛病，只是有的刚强，有的懦弱。德宗是三人中最刚强的一位，所以在他手上牺牲的贤臣也最多。由此，一个像唐朝那样风光的朝代，兴起的时候是那么难，垮掉的时候却是那么容易。

魏徵时时刻刻劝谏唐太宗：要得到一件东西是很难的，要失去它却是很容易的；最难得到的是人心，最容易失去的也是人心。创业不易，守成更难，因为守成的人对已经立下的制度，不仅要信守，还要常常找出毛病，做适当的修正和改变。同时，一个做领袖的要能分辨什么人是好人，什么人是只会阿谀的小人。人才往往有自己的意见，一个有才干的人通常是有品格的，不愿阿谀；一个真正有能力的人知道他该如何做，不会委屈自己，也不会迎合领袖的意见。这种人在某些领袖的眼里就是不听话、常常唱反调的人。这种领袖，加上顺从的助手，他的朝代不会维持很久的。今天，已经不是一姓一家的朝代了，老百姓最重要，老百姓应当要找到最能够为国家服务的人。

我们将这个治国的道理，运用到企业经营上，也是一样的。一个好的领袖、好的决策者绝对不是自负的人，而是谦虚的人，他能听取不同建议、不同想法，容许许多人帮他，分析建议，做出最合适的决定。一个好的领袖也绝对会耳朵开开、眼睛开开，不断搜集重要的消息，手上能够掌握最清楚的资料、最清楚的情况，不会做违背真实情况的决定。违背真实情况的决定，绝对是灾害，不会真正有用处。

企业与组织的运作

现在再回到企业与组织来看。企业不会君主独裁，可以一个人掌理大事，一个人掌理日常行政事务。不管是董事长和总经理，或是主席和执行长，都要彼此以诚相待，对属下也以诚心出发，相信别人的善意，在处理事情的过程中，彼此坦诚而互相信任地沟通，如此，意见可以充分地表达，许多的方法可以被提出。大家从不同角度分析利弊，组织当然兴旺。反之，如果领导者刚愎自用，不接受别人的意见，可能会把本钱赔光，组织也垮了。天下的成功没有侥幸，失败也不会没有原因，这是我们从历史中得到的教训。

天子所作，天下式瞻

最后我想以《资治通鉴》中陆贽的一段话[4]，作为本章的结尾。当时德宗问陆贽："现在许多的藩镇对朝廷又起二心了，我们应该怎么办？"陆贽回答："假如要以你一个人的聪明去了解宇宙的所有变化，要以你一个人去防止世上几千几万人对你的欺诈，这是做不到的，因为你一个人的力量有限。以前项羽将秦的二十万降卒杀光，算是防备得很透彻了。相对地，汉高祖豁达大度，对于所有归顺他的人，都依着他们的能力分配工作。项羽最终灭亡，刘邦得以昌盛。存心猜疑与推心置腹，它们的效果截然不同啊。陛下你觉得自己的聪明超过别人，思虑得很周到，谋略得很宽阔，以为这样可以防备别人的欺诈。你用力量管束百官，用威严统治天下，这种情况下，有才能的人觉得无处施展，对你忠心的人怕被你怀疑，有功劳的人怕你容不下他，对你有不轨的人怕你追讨他的责任，于是铤而走险，做出更多的坏事。天子的行为，全天下都在注目。小事尚且应当慎重对待，更何况是治理天下的大事呢？希望你以前朝许多的内乱当作自己的警戒，不要做出错事。”这一段是很多领袖都应当记得的：不可以任一己之聪明来压倒天下。

注释

1. 回纥合骨咄禄可汗屡求和亲，且请昏；上未之许。会边将告乏马，无以给之，李泌言于上曰：“陛下诚用臣策，数年之后，马贱于今十倍矣！”上曰：“何故？”对曰：“愿陛下推至公之心，屈己徇人，为社稷大计，臣乃敢言。”上曰：“卿何自疑若是！”对曰：“臣愿陛下北和回纥，南通云南，西结大食、天竺，如此，则吐蕃自困，马亦易致矣。”上曰：“三国当如卿言，至于回纥则不可！”泌曰：“臣固知陛下如此，所以不敢早言。为今之计，当以回纥为先，三国差缓耳。”上曰：“唯回纥卿勿言。”泌曰：“臣备位宰相，事有可否在陛下，何至不许臣言！”上曰：“朕于卿言皆听之矣，至于和回纥，宜待子孙；于朕之时，则固不可！”泌曰：“岂非以陕州之耻邪！”上曰：“然。韦少华等以朕之故受辱而死，朕岂能忘之！属国家多难，未暇报之，和则决不可。卿勿更言！”泌曰：“害少华者乃牟羽可汗，陛下即位，举兵入寇，未出其境，今合骨咄禄可汗杀之。然则今可汗乃有功于陛下，宜受封赏，又何怨邪！其后张光晟杀突董等九百馀人，合骨咄禄竟不敢杀朝廷使者，然则合骨咄禄固无罪矣。”上曰：“卿以和回纥为是，则朕固非邪？”对曰：“臣为社稷而言，若苟合取容，何以见肃宗、代宗于天上！”上曰：“容朕徐思之。”自是泌凡十五馀对，未尝不论回纥事，上终不许。泌曰：“陛下既不许回纥和亲，愿赐臣骸骨。”上曰：“朕非拒谏，但欲与卿较理耳，何至遽欲去朕邪！”对曰：“陛下许臣言理，此固天下之福也。”上曰：“朕不惜屈己与之和，但不能负少华辈。”对曰：“以臣观之，少华辈负陛下，非陛下负之也。”上曰：“何故？”对曰：“昔回纥叶护将兵助讨安庆绪，肃宗但令臣宴劳之于元帅府，先帝未尝见也。叶护固邀臣至其营，肃宗犹不许。及大军将发，先帝始与相见，所以然者，彼戎狄豺狼也，举兵入中国之腹，不得不过为之防也。陛下在陕，富于春秋，少华辈不能深虑，以万乘元子径造其营，又不先与之议相见之仪，使彼得肆其桀骜，岂非少华辈负陛下邪？死不足偿责矣。且香积之捷，叶护欲引兵入长安，先帝亲拜之于马前以止之，叶护遂不敢入城。当时观者十万馀人，皆叹息曰：‘广平王真华、夷主也！’然则先帝所屈者少，所伸者多矣。叶护乃牟羽之叔父也。牟羽身为可汗，举全国之兵赴中原之难，故其志气骄矜，敢责礼于陛下；陛下天资神武，不为之屈。当是之时，臣不敢言其他，若可汗留陛下于营中，欢饮十日，天下岂得不寒心哉！而天威所临，豺狼驯扰，可汗母捧陛下于貂裘，叱退左右，亲送陛下乘马而归。陛下以香积之事观之，则屈己为是乎？不屈为是乎？陛下屈于牟羽乎？牟羽屈于陛下乎？”上谓李晟、马燧曰：“故旧不宜相逢。朕素怨回纥，今闻泌言香积之事，朕自觉少理。卿二人以为何如？”对曰：“果如泌所言，则回纥似可恕。”上曰：“卿二人复不与朕，朕当奈何！”泌曰：

“臣以为回纥不足怨，向来宰相乃可怨耳。今回纥可汗杀牟羽，其国人有再复京城之勋，夫何罪乎！吐蕃幸国之灾，陷河、陇数千里之地，又引兵入京城，使先帝蒙尘于陕，此乃百代必报之仇，况其赞普尚存，宰相不为陛下别白言此，乃欲和吐蕃以攻回纥，此为可怨耳。”上曰：“朕与之为怨已久，又闻吐蕃劫盟，今往与之和，得无复拒我，为夷狄之笑乎？”对曰：“不然。臣曩在彭原，今可汗为胡禄都督，与今国相白婆帝皆从叶护而来，臣待之颇亲厚，故闻臣为相而求和，安有复相拒乎！臣今请以书与之约：称臣，为陛下子，每使来不过二百人，印马不过千匹，无得携中国人及商胡出塞。五者皆能如约，则主上必许和亲。如此，威加北荒，旁詟吐蕃，足以快陛下平昔之心矣。”上曰：“自至德以来，与为兄弟之国，今一旦欲臣之，彼安肯和乎？”对曰：“彼思与中国和亲久矣，其可汗、国相素信臣言，若其未谐，但应再发一书耳。”上从之。

既而回纥可汗遣使上表称儿及臣，凡泌所与约五事，一皆听命。上大喜，谓泌曰：“回纥何畏服卿如此！”对曰：“此乃陛下威灵，臣何力焉！”上曰：“回纥则既和矣，所以招云南、大食、天竺奈何？”对曰：“回纥和，则吐蕃已不敢轻犯塞矣。次招云南，则是断吐蕃之右臂也。云南自汉以来臣属中国，杨国忠无故扰之使叛，臣于吐蕃，苦于吐蕃赋役重，未尝一日不思复为唐臣也。大食在西域为最强，自葱岭尽西海，地几半天下，与天竺皆慕中国，代与吐蕃为仇，臣故知其可招也。”（《资治通鉴·唐纪四十九》）

2. 上复问泌以复府兵之策。对曰：“今岁征关东卒戍京西者十七万人，计岁食粟二百四万斛。今粟斗直百五十，为钱三百六万缗。国家比遭饥乱，经费不充，就使有钱，亦无粟可籴，未暇议复府兵也。”上曰：“然则奈何？亟减戍卒归之，何如？”对曰：“陛下用臣之言，可以不减戍卒，不扰百姓，粮食皆足，粟麦日贱，府兵亦成。”上曰：“苟能如是，何为不用！”对曰：“此须急为之，过旬日则不及矣。今吐蕃久居原、会之间，以牛运粮，粮尽，牛无所用，请发左藏恶缯染为彩缬，因党项以市之，每头不过二三匹，计十八万匹，可致六万馀头。又命诸冶铸农器，籴麦种，分赐沿边军镇，募戍卒，耕荒田而种之，约明年麦熟倍偿其种，其馀据时价五分增一，官为籴之。

来春种禾亦如之。关中土沃而久荒，所收必厚。戍卒获利，耕者浸多。边地居人至少，军士月食官粮，粟麦无所售，其价必贱，名为增价，实比今岁所减多矣。”上曰：“善！”即命行之。

泌又言：“边地官多阙，请募人入粟以补之，可足今岁之粮。”上亦从之，因问曰：“卿言府兵亦集，如何？”对曰：“戍卒因屯田致富，则安于其土，不复思归。旧制，戍卒三年而代，及其将满，下令有愿留者，即以所开田为永业。家人愿来者，本贯给长牒续食而遣之。据应募之数，移报本道，虽河朔诸帅得免更代之烦，亦喜闻矣。不过数番，则戍卒土著，乃悉以府兵之法理之，是变关中之疲弊为富强也。”上喜曰：“如此，天下无复事矣。”（《资治通鉴·唐纪四十八》）

3. 陆贽请令台省长官各举其属，著其名于诏书，异日考其殿最，并以升黜举者。五月，戊辰，诏行贽议。

未几，或言于上曰：“诸司所举皆有情故，或受货赂，不得实才。”上密谕贽：“自今除改，卿宜自择，勿任诸司。”贽上奏，其略曰：“国朝五品以上，制敕命之，盖宰相商议奏可者也。六品以下则旨授，盖吏部铨材署职，诏旨画闻而不可否者也。开元中，起居、遗、补、御史等官，犹并列于选曹。其后幸臣专朝，舍佥议而重己权，废公举而行私惠，是使周行庶品，苟不出时宰之意，则莫致也。”又曰：“宣行以来，才举十数，议其资望，既不愧于班行，考其行能，又未闻于阙败。而议者遽以腾口，上烦圣聪。道之难行，亦可知矣！请使所言之人指陈其状，某人受贿，某举有情，付之有司，核其虚实；谬举者必行其罚，诬善者亦反其辜。何必贷其奸赃，不加辩诘，私其公议，不出主名，使无辜见疑，有罪获纵，枉直同贯，人何赖焉！又，宰相不过数人，岂能遍谙多士！若令悉命群官，理须展转询访；是则变公举为私荐，易明扬以暗投，情故必多，为弊益甚。所以承前命官，罕不涉谤。虽则秉钧不一，或自行情，亦由私访所亲，转为所卖。其弊非远，圣鉴明知。”又曰“：今之宰相则往日台省长官，今之台省长官乃将来之宰相，但是职名暂异，固非行举顿殊。岂有为长官之时则不能举一二属吏，居宰相之位则可择千百具僚；物议悠悠，其惑斯甚。盖尊者领其要，卑者任其详，是以人主择辅臣，辅臣择庶长，庶长择佐僚，将务得人，无易于此。夫求才贵广，考课贵精。往者则天欲收人心，进用不次，非但人得荐士，亦得自举其才。然而课责既严，进退皆速，是以当代谓知人之明，累朝赖多士之用。”又曰“：则天举用之法伤易而得人，陛下慎简之规，太精而失士。”上竟追前诏不行。

…………

上性猜忌，不委任臣下，官无大小，必自选而用之，宰相进拟，少所称可；及群臣一有谴责，往往终身不复收用；好以辩给取人，不得敦实之士；艰于进用，群材滞淹。贽上奏谏，其略曰：“夫登进以懋庸，黜退以惩过，二者迭用，理如循环。进而有过则示惩，惩而改修则复进，既不废法，亦无弃人，虽纤介必惩而用材不匮；故能使黜退者克励以求复，登进者警饬而恪居，上无滞疑，下无蓄怨。”又曰：“明主不以辞尽人，不以意选士，如或好善而不择所用，悦言而不验所行，进退随爱憎之情，离合系异同之趣，是由舍绳墨而意裁曲直，弃权衡而手揣重轻，虽甚精微，不能无谬。”又曰“：中人以上，迭有所长，苟区别得宜，付授当器，各适其性，各宣其能，及乎合以成功，亦与全才无异。但在明鉴大度，御之有道而已。”又曰：“以一言称惬为能而不核虚实，以一事违忤为咎而不考忠邪，其称惬则付任逾涯，不思其所不及，其违忤则罪责过当，不恕其所不能，是以职司之内无成功，君臣之际无定分。”上不听。（《资治通鉴·唐纪五十》）

4. 上问陆贽：“近有卑官自山北来者，率非良士。有邢建者，论说贼势，语最张皇，察其事情，颇似窥觇，今已于一所安置。如此之类，更有数人，若不追寻，恐成奸计。卿试思之，如何为便？”贽上奏，以为今盗据宫阙，有冒涉险远来赴行在者，当量加恩赏，岂得复猜虑拘囚！其略曰：“以一人之听览而欲穷宇宙之变态，以一人之防虑而求胜亿兆之奸欺，役智弥精，失道弥远。项籍纳秦降卒二十万，虑其怀诈复叛，一举而尽坑之，其于防虞，亦已甚矣。汉高豁达大度，天下之士至者，纳用不疑，其于备虑，可谓疏矣。然而项氏以灭，刘氏以昌，蓄疑之与推诚，其效固不同也。秦皇严肃雄猜，而荆轲奋其阴计；光武宽容博厚，而马援输其款诚。岂不以虚怀待人，人亦思附；

任数御物，物终不亲！情思附则感而悦之，虽寇仇化为心膂矣；意不亲则惧而阻之，虽骨肉结为仇慝矣。”又曰：“陛下智出庶物，有轻待人臣之心；思周万机，有独驭区寓之意；谋吞众略，有过慎之防；明照群情，有先事之察；严束百辟，有任刑致理之规；威制四方，有以力胜残之志。由是才能者怨于不任，忠荩者忧于见疑，著勋业者惧于不容，怀反侧者迫于及讨，驯致离叛，构成祸灾。天子所作，天下式瞻，小犹慎之，矧又非小！愿陛下以覆车之辙为戒，实宗社无疆之休。”（《资治通鉴・唐纪四十六》）

第十一章

结构的老化·宋

怎样防止一个单位的老化，怎样清除一个组织无法排除而沉积下来的渣滓，这都是组织学上很重要的课题。

宋朝宰相和皇帝的关系和唐朝是颇类似的，宋朝的宰相包括平章政事和参知政事，也是集体辅政的局面，其中只有一个称为首相，他的权力比较大，相当于领班的地位。宋朝宰相的任命又比唐朝要自由一点，并不一定要三省的长官才可以担任相职，只要是翰林学士，或是任何人得到了参知政事、平章政事的头衔，都可以在这个宰相班子里共同辅政。

宋朝的内政

比起唐朝，宋朝的皇帝没有受那么多牵制。一方面他不受武臣的牵制，因为宋朝并没有武人干政的现象，也没有地方独立的行为。另一方面，宋朝的疆域比较小，西南方失去了云南（也就是当时的南诏），西边又有西夏直逼关中；北边的辽人不但占领燕云十六州，整个漠南也都为辽人所有。宋代的人口也比较少，但没有比唐朝少很多，因为孳生的人口还是不少。宋朝要解决的困难是外患，但是并不采取攻势，主要是防守。邻邦如契丹、西夏，常常骚扰边境，宋朝基本上只能勉强自守，没有对外攻击的能力，也不打算做远征的工作。虽然宋朝在西南边有一点军事行动，但也算不上是大军，所以基本上宋朝国防预算的消耗并不算大。自太宗以后，宋朝只有防守的费用。在宋人与辽人的和议达成以后，有相当长的一段时间，宋人的战争只是对西夏，在防范西夏的进攻而已。宋朝国防预算不算大，国内的经济比起唐朝则更加发达，都市化和市场化的现象显著。宋朝基本上形成了相当复杂的市场经济和货币经济。除了种田维生，已有相当多的人是靠其他收入过日子的。

宋朝的外交

在对外贸易方面，除了和东南亚的经济往来，宋朝也经过辽国和西夏对外伸展贸易路线。宋朝和日本、高丽的贸易往来也相当频繁。对外贸易使得宋朝的经济实力相当不错，在这样的局面下，国防开销并不大，经济又相当发达，人民生活也很不错。一个国家要提供的两方面，安全和繁荣，宋朝基本上都取得了不错的成绩。

虽然宋朝和辽人维持着和平，但是这是靠宋朝每年送布帛给辽人换来的。用布帛换来和平，相较于靠子弟在前线牺牲维持强国的形象，宋人的政策显然较为经济。国家积弱久了，当然免不了后来金人和蒙古人入主中原。

王安石变法

现在我们要讲的是宋朝的前半段：从王安石变法的过程，考察宋朝的宰相与皇帝之间的合作，以及他们怎么样处理国家的大事、平衡两边的关系。宋朝的皇帝是自己执政的，而且几乎天天要与宰相们讨论朝政。宋朝宰相的任命，出自皇命，皇帝想换就换，几乎不会有什么困难。宋朝有相当专业化的文官，是在儒家教育下成长起来的士大夫。开国不久后，宋朝就时常有党争，朝臣们分成不同的党派。有时候是按照意见分派，有时候是按照地域成群，或按照考取的年代结党，朝廷的党争相当严重，因此常常延宕了国家的大事，也内耗了许多人才与资源。

王安石的变法开始于他受命进入宰相班子做事，从公元1068年，也就是神宗熙宁元年，一直到他两次罢相、两次回任，最后在公元1076年下台，差不多八年的时间，是王安石变法的时期。王安石变法的宗旨，主要在于精简人事、精简费用、增加国家的收入而不增加人民的负担。当时神宗皇帝相当信任他。宋朝政府是一个由儒家官员构成的文官体系，因此过去的许多传统与成例以及儒家的理念，都是相当有约束力的，不大容易改革。王安石出身穷困，他了解当时民间的疾苦，也了解政府的许多困难。当时宋朝对外战争不频繁，防守边疆的兵力也不强，却养了相当多的常备军，造成很大的负担。当时官员分为两个阶层，一个是官，一个是吏。官是士大夫，吏是官员的助手。按照宋朝的制度，官员出身主要有考选和门荫两种，门荫就是父辈做大官，子弟也可以有个职位。通过军功途径也可以进入官的阶层。但是吏员就没有什么资格可言，也没有真正的考选过程，常常是累代世袭。政府事务，不少依仗吏员执行。吏员经常做同样的工作，因此对业务的了解程度往往比高高在上的官员更为深入。官是流动的，吏是不动的。但是宋朝的官有很好的薪水，吏却几乎没有薪水，仅可在工作上收取一些规费，所以吏员就不免贪污。吏员没有社会地位，也没有前途，不太自尊自重。这样，文官体系就变得头重脚轻，官吏人数很多、开支很大，品质与效率却不高。

宋朝的财政收入，基本上依然维持唐朝杨炎所创的两税法，但是又恢复了劳役的制度。理论上除了老弱妇孺，都要服劳役。王安石和宋神宗时代的政府是耗费不小、组织也很松散的结构。

神宗以前，宋朝官制中又有所谓“差遣”，其官职与工作并不相称。担任某一官职的官员，管另一个职务，而其本身的职务又由另一人担任。差遣制度，使职务没有清楚的划分，也没有办法了解一个人在这个职务上会做多久。这种名实不符的制度，也有弹性的好处，政府可随时派遣一个人去做可能最适当的工作。但是在这样的制度之下，往往不问阶级和职务是否相符，官阶很高的人可能去做一个很不重要的闲差事，他的重要的职务反而由一个不重要的人代理，这是一个很混乱的局面。宋神宗接位之后，力图改革。当时朝中很多老臣不希望改变，但是神宗有改革的决心，王安石也提出了意见，认为不对的地方就要改革。

整顿制度

王安石被任命为宰相，他的任务就是要整顿这些混乱而浪费的制度，而他提出来的方法也都是针对这些弊病的。国家养兵太多，他就提出全国皆兵，凡是身体好的人都有当兵的义务，平时要学习保家卫国，当有战争时，这些民兵就可以征调出来为国作战。他要提高吏员的地位，提高吏员的薪水，使他们可以以薪水养活自己，从而避免贪污，或收取一些不必要的规费。他也盼望将混乱的政府规划得有效率一些，比如，什么职位的人做什么事，宰相班子如何产生，一定要由三省长官做主……这一系列的作为使得政府更加有效率，组织更合理。在增加吏员的薪水时，有人问他，你去哪里找钱来？他说：与其让吏员自己去贪污找钱，不如政府从收取的一些费用中规划出一笔费用，平均分配，使得每个单位的吏员，都能有合理的薪资。

王安石也推行经济方面的改革，比如说劳役，是每个男子都要负担的，但是并不是每个人都能做的，来的人也并不都是真正能够担任劳力工作的人，反而政府要派人管理，要分配他们的工作，而且服劳役期间，政府要负担他们的伙食住宿。王安石的免役法，是让不服劳役的人拿出一笔钱，政府雇用一班专门做劳役工作的人代替他们。政府只要有一笔经费，就是所谓免役钱，雇人服役，老百姓缴付代役钱，就可以做这样的事情了。这个方法对于一个货币流通的经济市场而言，的确是一个比较精简的办法。批评他的人则认为这样老百姓又多了一项金钱的负担，要缴纳免役代金；而政府多收了这笔钱，是不是在剥削老百姓?

王安石的青苗法，算是农耕贷款。当田里播了种，农作物又还没有收割的时候，百姓通常都非常穷困，常要向放高利贷者借钱度过这青黄不接的时候，王安石认为这样不好，于是把政府的钱借给老百姓，老百姓等到农作物有了收成，再加一点利息还给政府，这就相当于现在的贷款。帮助农民渡过难关，政府又可以有一点利息收入，这也是两相合适的事情。但是批评他的人就认为，老百姓可能原本不需要借钱，但是官员为了自己的政绩强迫老百姓借钱。而如果老百姓向高利贷者借钱，还不出来时可能还可以与债主商量拖欠一些时日，而政府催讨欠款时，可能会施加压力，还不出来就没收财产或是将欠债人关进去坐牢，这样反而是扰民。

变法的评价

王安石的变法得到许多正反两面的评价，正面的评价是他这些措施对民众好，使得政府走上正轨，批评他的人则以种种理由认为这些措施都有反面的作用。王安石进行这些改革时抱定很大决心，他对神宗说，要改革就要花心思，要努力地改、彻底地改，祖宗的规矩不必在意，人家的批评不必在意，甚至上天的天命也不必畏惧。这种坚决的态度在历史上是少见的。刚好神宗立志改革，王安石也是相当坚决地要进行改革，这种君臣遇合，照理讲是可以除掉浮肿、重建骨骼肌肉，使政府走上正轨的。

但是宋朝政府内，派系很多，党争相当严重。在仁宗时就有庆历党争，两个派系因为政策意见相左，互相攻讦。这两个派系，讲起来都是正派人物，但是为了斗意气，斗争得非常凶。英宗的时候，因为英宗是由外藩过继给没有子嗣的仁宗的，所以英宗继位后，其生父是提升地位成为皇父呢，还是仍旧维持亲王的头衔呢，这个问题在当时也惹起了很大的争议。

宋朝的朋党之争在当时相当严重，到了神宗时还是一样，不同意见的党派彼此之间有很激烈的斗争。党派之间，常常不管政策的好坏，只要是党派不一样，就用种种理由批判、排斥对方。当王安石实施新政时，反对者就有更多的理由去批评了。当时批评新政最厉害的人是司马光。司马光也是一个正派的人，中国著名的史书《资治通鉴》，就是他领导编著的。批评新法的人士中还有苏东坡，也是了不起的人物。批评王安石新法的人有很多，虽然神宗对王安石的信任并不因此动摇，但是当被批评得太厉害时，王安石也必须请辞，至少两次，神宗不得不解除王安石的职务，即所谓罢相。有时候神宗也将批评王安石的人贬退。

政治斗争

王安石变法的八年之中，政治斗争极为激烈，使得新政不能有效地执行。而王安石手下又没有好助手，所以只能任用意见相同的人。当时有一些人品、能力、道德都不是第一等的人，利用新政的机会发展自己的前程。他们巴结王安石，成为王安石的党羽。王安石当时急于推行新政，也就不太管那些人投靠他是不是真的和他有同样的理想，只要有人跟他做事，他就庇护他们，委派他们出任很高的职位。新政的推行是很急切的，要把长久以来的积习去除，有时候就会只求功效，只看到表面上的成绩，而不管实际的成果。所以有时做过头，有时只是虚假的报告，这些现象都发生了。本来用意不错的改革方案，因此无法落实，政策颠颠簸簸，起伏不定，成为当时政治斗争的主题。

在体制上，宋朝的皇帝是以自己为主的单一首长制，宰相不过是他的辅助者而已。所以如果皇帝只听一个宰相的意见，其他的宰相就没有办法参与讨论，这和唐朝许多人集体讨论是不同的。宋朝的次相，也就是二号宰相，基本上没有太多的发言权。所以宋朝只是表面上看起来做到了首长与首席执行人员工作的分野，如果首长和首席执行人员可以互相配合，也就是皇帝和宰相可以互相配合，则至少在发布命令和制定政策方面没有太大问题。

变法失败之因

王安石曾经想办一个学校，以学校代替科举，训练专才，充当政府官员的候选人。官员有了专业的训练，循着一定的轨道选拔、申请跟分配，这样政府就可以达到专业文官的水平。但是这个想法并没有真正地落实。至少在那八年内，宋朝政府来不及训练专业人才。虽然当时设有学校，但是学校训练的人才并未代替中举的人。神宗是有实权的首长，王安石是有实权的执行官，但是他们都没有配合的班底，也没有合用的结构。王安石急于推行新政，官员派出去后，很快就要见功效，可是，这些官员并没有学习过专门的技能和知识。这些都是王安石变法所遭遇到的困难。神宗死后，太后接替，保守的皇太后起用司马光这批人，废除了新政。但是，王安石被罢免后，有一段时期还是有一批助手继续新政的工作，后果是政府又多了一个新党旧党的纷争，这个纷争要等到金人灭北宋后才消失。

党派之争

王安石的新政，立意很好，设计也不错，但最后却无疾而终，还造成了一个更不好的后果，使得政府里多了一种对立的局面。新党旧党轮流执政，每当新党接替旧党的时候，新党就把旧党的政策取消，等到旧党执政，又把新党的政策取消。有的时候新党有一些错误的政策，旧党取消了，等到新党掌权时又将它恢复。整个北宋政局一直相当不安定，就是因为中间有这新旧的党争，而且已经到了不理性的地步。例如司马光，他是个很正派的人，学问能力都好，意图也好，但是为了争意气，凡是王安石做的事，他一概反对。不问事情本身对老百姓有没有益处，只要是王安石的新政，他上任后就全部推翻。苏东坡本来对王安石新政也是不赞成的，但是看到司马光这样的做法，他也觉得不对。比如说免役法，只要实行得当，老百姓的确可以得到好处，避免许多麻烦，国家的收入也可以增加，为什么要废掉呢？苏东坡这样责备司马光。又例如青苗法，司马光同样废掉它。苏东坡则认为在某些地方，农业贷款的确帮助老百姓解决了当时经费不足的困难，为什么非废掉不可？只要执行得好，使监督执行的人不至于强迫老百姓借钱，催讨的时候不至于那么严厉，那么老百姓是可以得到好处的。司马光意气用事，连当时一起批评王安石的盟友，都批评他，认为他矫枉过正。

由此可见，一个组织要改革的时候，并不能只靠一两个政策执行者或决策者的想法和做法，他（们）必须有一个好的班底，必须有一个能够配合的组织结构。这种组织在宋朝一直没有出现。直到新政结束，宋朝都没有改革成一个流线型的政府。另外，宋朝缺乏一个培育训练专业人才的机制，科举考的是学问，考的是对经典的认识，并不考办事的能力，也不考政见。吏和官的分野也使得专业的吏员一直没有办法提升到官员的水平。这种官和吏的分野由宋朝开始，一直到清朝都没有改变。吏始终是一个地位低、不受人尊敬、没有政府正式薪水，又往往是世袭把持的职位。专业化是有了，可是没有自尊，也没有自我约束。此外，因为吏员掌握了太多的档案，所以他们也不喜欢政府有太大的改变，以致他们手上掌握的档案和传统知识失去作用。所以一个团体或组织要改革，如果这些条件不能配合，改革是做不到的。

用人不当

神宗对王安石是非常信任的，可以说是用之甚专，但是也免不了会受别人的影响。通常影响他最深的人，并不是最有知识的人，而是跟他最亲近的人。有时候他会派一些宦官出去调查，得出并不是非常专业的报告，神宗却相当信任。同样地，王安石因为急于推行新政，只要他觉得这个人肯听话，肯接受他的指令，服从他，他就招揽来帮忙做事。到后来，他才发现他主要的助手都是一些品格很差的人，都是想借着他能专政的机会往上爬的人。这些人到后来都是害他的人。他本来的助手，都不是因为对新政有信心，而是为了有机会得到更高的位置。在王安石被罢相之后，他们就落井下石，非常努力地把他打得永远回不了政府。

王安石后来被放逐到南京，抑郁而终。有意思的是，王安石跟苏东坡一样，都被贬到外地，在南方，两人都度过了一段相当潦倒的日子，后来两个人也成为朋友。这两个人在中国历史上都是非常有才华的人物，他们的诗文俱佳，直到现在，依旧被公认为宋朝的大家。这两个人能力强、见解高，但是不幸站在不同的立场，一直等到他们都丢掉了政府的职位，才反而成为好朋友。同样地，司马光和他那一批旧党也都是能力强、品德好、修养高的人，但是他们没有办法与另外一批有能力的人合作。那时的党争和今天政党的党争又不一样，今天的党争是诉诸人民的选择，看人民觉得哪一个党的政策对他们最有利，那时候的党争则是看皇帝觉得哪一个党最能得到他的信任。从上往下选的时候，手下有两个派别，这种政治一定不行，一定会效率低下。朝令夕改，政策与长远的规划，都会无法执行到底。

新旧冲突

宋朝遇到的许多困难，实际上许多大的企业组织都会遇到。一个大的企业，层级很多，人员也很多，上层的主要执行官（就是总经理）与主要决策者（就是董事长）却不能照顾到全部，所以当他们要对公司做一些整顿，在结构上做一些调整，自政策上做一些改变时，往往困难重重。这和新公司的开展是很不一样的，因为老公司背负着一个很大的负担。一个大的企业，它的首席执行官——总经理进来时，都会带一批自己的人，等到新的总经理接替位置时，又会带一批他的人来，但原来那批人仍在位置上，这时就会形成派别。部门之间因为长期所处的位置不同，也会形成派别。甲部门和乙部门之间，对同一件事会有不同的观察与理解。例如财务部门希望省钱、发展部门希望花钱、生产部门希望增加设备，每个部门都有自己的利益着眼点。部门与部门之间不能协调的时候，也会变成党争。

一个老的企业，人员很多，累积的包袱很多，内部派别的纠纷往往无法避免，这时候新的总经理、新的董事会，都不能改变这种情形。宋朝的情况就是这样，负担很重，内部结构非常笨拙，以致无论王安石的意图和构想多好，就是没有办法将新政推行到底。结构的问题，使得品德和能力都变成次要的了。如果结构本身没有改变，任何考核和稽查都只是多了一层管制和阻力而已。举例来说：许多齿轮卡在一起的时候，增加一个齿轮并不会使这一整串齿轮结构运转得更好，只是多增加了一个阻力，使得效率大打折扣。王安石只想到改变政策，没想到改变结构；只想到增加专业人士，没想到增加的专业人士在老的结构里，只是又多了一批新人，这批新人和旧人之间还是会有纠纷，还是会有冲突。

缺乏新陈代谢

缺乏正常的新陈代谢是宋朝这个组织最基本的问题。宋朝号称是一个非常仁厚的时代。和前朝比起来，宋朝不杀大臣，宋朝的大臣很少是犯死罪的。宋朝的官员很少是被免职的，除非是自己告老。每个官员从自己的职位退下来以后，领一样多甚至更多的薪水。比方说一个宰相从职位上退下来以后，领着和宰相一样多的薪水，但是他的工作却只是去管一个庙（宋朝的庙很多，不管是祭祀祖先的庙，还是道教为国家祈福的庙，凡是国立的庙，都有一个高官去管理）。所以宋朝没有真正的新陈代谢。派遣制度是指皇帝或任何一个高官可以派某个人在某个职位上做事，这人不知道什么时候会调走，既没有一定的任期，也没有职位的界定。在这样的结构里，新陈代谢更为困难。没有考核，没有办法做到奖和惩，就没有办法新陈代谢。这样一个号称仁厚的政府，因为没有选择好的留下、坏的淘汰的机制，所以变得越来越庞大，沉积的问题越来越多。

假如看中国近代的企业史，可以发现很多这样的例子。在1949年以前，上海有很多大企业，里面都是家族的成员，只要家族里的某一人做到某种职位，他的亲朋乡里都会被拉进来工作。因为老板很仁厚，所以当一个人年岁大了，并不会被免职，只会被派去做一些有名无实的工作。而他所带进来的人也不会被免职，因为大家看这个老人的面子，所以留下他带进来的人。这种情形使得当时可以说是上海最大的一家企业，最后变得效率低下，生产力很差。到了1949年的时候，这家公司已经没有办法运作了，没有办法开新厂，没有办法开发新的市场，当然更不用说开发新的产品了。在台湾地区，企业发展只有不到二十年的时间，民营企业还不会有这种尾大不掉、臃肿不堪的例子。官办企业因为已经经营了五十多年，大都有这种毛病。私人企业因为时间还短，所以还没有像宋朝这样的情况出现。但是如果不加以注意，无论企业有多能干的董事长、多精明的总经理、多么好的产品、多么大的市场，都不会做到真正有利润，这种情况下，企业的时间、经费、劳力、智慧都会浪费在内部的斗争中，而无法完成原本应该执行的工作。

防止老化

怎样防止一个单位老化，怎样清除一个组织无法排除而沉积下来的渣滓，这都是组织学上很重要的课题。王安石要训练人，这是很好的，但是如果训练的人和适用的过程没有良好的配合，那么即使每个由学校出来的人都会得到一个长久的工作保障，他们对这个企业或组织也不一定有用处。一个在课堂上有良好表现的人，不一定在某一个特定的职位上可以做出这个职位应该有的一些成绩。因为性格可能有差异，能力可能有落差，在课堂上的成绩和在实务上的表现之间的落差可能是很大的。一个学业成绩好的人不一定能立刻将专业知识应用到实务中，这些都要经过一个试用与考核的过程。单单靠训练专才来改革政府，未必能有新陈代谢的功效。

一个智囊团的组织是必要的，但是智囊团最好不要成为执行官（总经理）。王安石就是将智囊和执行混为一谈。自己的政策要自己执行。他可能是一个很好的决策者，却未必是一个很好的执行官。因为执行官需要说服别人，而王安石并没有很好的说服能力。执行需要不同的人、不同的群体之间的合作，而王安石却是一个非常固执的人。他的外号叫作拗相公，是非常执拗的人。虽然神宗对王安石任用很专，但是神宗本身也是一个不善于沟通的人。智囊可以贡献出一些很好的计策，但是要让智囊做执行的工作，他本身的性格和能力就不一定适合了。王安石有改革的决心，但是王安石没有做好这件事——这是历史上一个很大的教训。

第十二章

知识与视野·宋

假如宋朝是一个企业，则这个企业里面的决策人员、行政人员都没有了解到可以开发的另一项商品，可以打开的另一个市场，而只局限在自己本来有限的商品项目上，只想在本来的市场上尽量去获得更多的收入，而忽略了开拓新天地、开拓新疆域。

再来看看王安石在经济上的改革。王安石在经济和财政上所做的改革，往往是要将现有的资源全集中在政府手里。比方说他仿照唐朝时刘晏办理均输，运用政府的力量，将商品运到价格最高的地方出售，如此一来，政府可以得到较多的利润，老百姓也可以得到足够的货品供应。这个办法是相当好的，也很符合当时的经济需求。但是王安石只想到获利的办法，却没有管理农业经济以外的收入来源。当时宋朝的经济已经发展到了相当繁荣的程度，许多城市相当发达，甚至发展为不错的工商都市。比如历史上常提到的四大镇，其中景德镇、佛山镇都是生产的城市，景德镇生产瓷器、佛山镇生产铁器；汉口镇、朱仙镇都是商业中心，也就是商业城市。宋朝在当时得以发展出这四大城市，表示当时宋朝已经出现农业之外的新经济资源，也就是工商业的景气。我们曾经提过，宋朝在东南沿海一带的对外贸易很兴盛，这些对外贸易是什么呢？就是将中国的产品，经过海道运到东南亚、中东去销售。这些外销商品的数量相当庞大。举个例子说，当时湖南出的瓷器并不顶好，却专门销售到外国去。这些专门供给外销的窑并不只湖南有，福建也有、浙江也有、江西也有，很多地方都生产这些专门供给外销的贸易瓷。而佛山镇出产的小铁器，从镰刀、锄头到铁锅、铁碗、铁刀、剪刀，这些东西大部分也是要运到外洋的。当时中国生产的钢铁数量是全世界第一，而且跟世界第二的意大利比起来要多一大截。中国的钢铁之所以生产量那么大，是因为它并不只供中国人用，还要供外销用。佛山镇在广东，距离外商的贸易路线是很近的。

新经济体的出现

繁荣的工商业并不是抱着儒家观念的官员可以理解的。儒家以农为本，只想到从劳役跟田赋上去找政府的收入。实际上当时已经有这样的新经济体存在，但是王安石和他的智囊团没有看到这样的经济体可能为政府带来新的收入，也没有想到政府可以为新的工商业提供新的服务，使其成为政府的另一个功用。限于当时的时代性，王安石没有办法懂得一直在他眼下发生的情形。不但当时的人不懂，连史书上也没有记载。直到今天，从经济学的角度去研究史料，我们才发现当时宋朝的经济体是如此庞大。也就是因为宋朝经济如此发达，所以即使后来北宋被金人消灭，南宋半壁江山依旧维持一个偏安的局面，而且人口还不少，百姓生活也相当不错，并且维持了一百多年。我们从马可·波罗的游记中可以发现，他认为当时中国人民的生活水准是世界最高的。再由宋朝的一些文学作品如小说戏曲中也可以发现，南宋时一般小市民的生活是相当不错的。但是当时南宋政府并没有注意到这个现象，当时的历史记载也没有注意到这个现象——这是一个时代性的偏差。

假如宋朝是一个企业，则这个企业里面的决策人员、行政人员都没有了解到可以开发的另一项商品，可以打开的另一个市场，而只局限在自己本来有限的商品项目上，只想在本来的市场上尽量去获得更多的收入，而忽略了开拓新天地、开拓新疆域。

重儒重农

在各朝代里面，宋朝可以说是对儒家最优厚的。尤其是受儒家教育的儒生，在宋代可以说是如鱼得水。整个宋朝政府是靠儒生文官维持的，但是儒生受了他们意识形态的限制，不会去考虑新的问题，他们所想到的就是以农业为立国之本。这是一个很局限的角度。宋人常常考虑到前人的例子，考虑到政策对农人好不好，会不会损害到国家的根本。儒家的意识形态常常令他们去推敲一个人的动机，推敲一个政策的目的，而不去推敲一个政策执行后的效果。

再以企业角度来看，假如一个企业里的管理者受到狭隘的意识形态的限制，他受到的训练使他只能从某一角度去看事情，那么这样的企业没有发展的可能，反而会老化。训练人要从多方面训练，吸收新人要由多方面吸收，新陈代谢不只是在执行人而已，不只是在企业的工作人员，而是这个组织、企业的想法观念都要不断地更新。任何保守的想法，都会导致企业的崩溃。

在中国历代各朝里面，宋朝不算差，民间的成就也不算差，一位我们非常佩服的前辈，史学工作者陈寅恪先生在为邓广铭先生所写的《宋史职官志考正》的序文中提到，宋朝是一个思想最自由的时代。话是这么说，但思想自由是因为当时文网不密。在上层士大夫中，思想其实是相当不自由的。他们受儒家本身固定的意识形态限制太多。宋人的思想自由只是在学问、文化方面，而不是在管理方法，也不是在执政者的意识形态方面，这些都受原来格局的约束与限制太深了。所以陈寅恪先生说天水一朝（宋朝）是历代文风最盛的时代，这话是对的。但是任何为了意识形态而训练的人，他一定会受到意识形态的限制，而不能跳出意识形态去看问题，因为他对自己的意识形态有太深的信念。但这并不是说我们要训练一个管理人员就必须没有意识形态，任何一个企业的管理者都得有起码必须认同的东西：做任何事一定要敬业。敬业是一种做事的精神，也称得上是一种意识形态。宋朝的儒生修养都很好，大多数人都是正派人物。我们看宋朝的列传，的确大多数人的道德文章都很好。但是这些人一辈子所受的训练都是为了道德文章，不是为了管理政府，不是为了开拓一个新的局面。由这样的一批人把持政府，新政当然不免失败。

文章天下事

从实际例子来看，司马光写了一部《资治通鉴》，《资治通鉴》里常常有他的暗喻，我们看他批评历史、评判过去的时候，他的角度几乎都是从道德上出发，对一件事该做不该做，他是以道德的标准来衡量，而不是以老百姓的利益、国家的安定来衡量。他常常是以目的性、手段性的裁判角度，判断一件事的可行性，这使得他看事情皆以单一的角度做判断。司马光在《资治通鉴》中自己加评语的部分里，看历史的演变可以看得很长，也很深，此外他文章也写得很好。但是他不是一个很好的管理人员，更不是一个能针对当时情况设计最恰当的政策以改革结构的人。

宋朝儒学一个很大的成就就是有一个理学的系统。理学在宋朝一步一步发展，到了南宋朱熹时到了顶点，形成了一个非常庞大、丰富的哲学体系。朱熹能力强、学问好，但在处理实际的政务上却不能有所作为。小的事情他可以做，但是大的事情他就没有办法处理。他没有办法处理人与人之间的沟通问题，没有办法驾驭复杂的问题，更没有办法说服他的朋友或敌人认同他的观点。所以，他的成就是在哲学方面。宋朝的问题是找了一大批没有受过适当训练的人去做政务的工作。

专业与敬业

台湾地区现在也是找了一大批高学历的人来担任行政主管的职务，担任政府的决策职务。他们每个人都是由专业科目训练出来的，但是所受的专业科目没有一项是教他们怎么样为台湾地区筹划方向的，没有一项是告诉他们怎么样从一个长远的角度来为台湾地区制定政策的。政府的高级首长，他们受的是专业的训练，不是通才的训练，于是我们看到的是在专业的范围之内，每个人都很称职，但是一离开专业的岗位，他们就不能真正地发挥。很不幸的是，每个人所在的位置都不是应该给的专业的位置，每个人所在的位置都是专业以外的岗位。在这个情形下，我们担心的是，宋朝的问题会在今天重现。现在内耗的情形：精力的内耗、时间的内耗、信用的内耗，与宋朝政府经历过的很像，我希望这只是过虑而已。

台湾地区的企业界也常常犯这个毛病，学的与用的不能配合。信任的人之所以能得到信任，往往不是因为他的能力，而是因为其他的原因。高级的管理人员、高级的决策人员并不是专业的。更糟糕的是很少有企业累积了足够的资讯，更没有一批人去专门搜集有用资讯。社会上也没有一个单位，受雇为一个企业搜集有用的资讯。于是往往由个人的关系去寻找解决的办法，而不是从专业的角度、长远的角度、开拓新局面的角度去思考问题。我想这是台湾地区的企业没有办法提升的最根本原因。

怎样训练各式各样的专业人才与各式各样的通才，并使得专才和通才互相配合，使企业成为一个良好的管理结构与发展机构，这恐怕是台湾地区企业目前最应该考虑的事情。甚至最简单的R&D（研究与开发），到现在我们都没有做得很好，大部分还是承包外人研发出来的东西，做承包商的工作而已。自己没有做到R&D，问题就在于我们专业的研究人才没有用在研究上，而专业的管理人员没有用在发展上，这两个专业之间没有交集，在公家如此，在私人企业也如此。台湾地区要真正走入发展地区之列，这些问题都要克服。教育应该在这方面多做改进，使得将来的教育单位做的不只是给一个学位，不只是训练学生考试，而是有计划地培养各种专才，同时给予通识的训练，使得每个人在不同情况下都能既用到他专有的才能，又能有广阔的见解。这当然是很困难的事，并不是一下子就能够做得到的。不过，不论多么困难的工作，我们都必须立刻着手进行，没有开始，任何理想都不会实现。

第十三章

选才与考核·明

明朝政府是一个真正的首长制政府，皇帝是最高首长，张居正作为首相是最高执行官。决策者和执行者的关系，起码在张居正时代，是相当协调的。

讨论明代的管理以前，让我们回头整理中国文官制度的发展经过。一般说来，即使是一个公司组织或非营利组织，对其公司内的员工也都会有考核的制度，目的是了解员工的工作表现，使得员工可以得到最适当的工作，表现好的升迁，表现不好的贬退。这种制度在中国起源得很早，早在战国时，法家的理论中就已经讨论，要如何使一个人清楚他所处的职位，清楚这个职位应负的责任，做了一段时间之后，看他是否符合这个职务的需求，做得好就留下，做不好就换掉。汉朝时，实行的方法相当简单，长官可以向政府推荐一个人去做什么事，担任什么职务。如果政府觉得这个人真的不错，经过一段考试，看他对一些实际问题的意见，就会派给他一个职位。这个职务通常第一年是代理，如果做得不错，第二年就可以正式任用，保举他的人也一并受到奖励。如果做得不好，则不但这个人要免职，推荐他的人，也就是他的保举人也要一并受罚。所以汉代的察举制度是兼具选拔与考核的制度。汉朝的官员基本上是向自己的上司负责。举一个例子，郡县长官可以挑选自己要用的吏。接任的下一任长官可以接收上一任留下来的吏，也可以不接收，另外挑选自己要用的助手。换句话说，他的整个班底由他负责。他也可以在属员中找到值得升迁的人，往上推荐。县级政府就可以向郡太守推荐，郡太守一样可以将自己认为有用的人向中央推荐。

这样一级一级往上推荐的察举制度，使得汉朝的政府可以很快找到有用的人，找到之后就派在皇帝的身边，称之为侍郎。侍郎在皇帝身旁承担各种杂务，皇帝与高级官员可以观察这些侍郎的能力与才干，如果表现得不错，就会在适当的时候派任出去，担任政府的官职。这样由推荐到试用到派任，都经过相当直接的过程，程序并不怎么复杂。

南北朝的时候，因为门第的出现，高门大族垄断了高级的职位，下级官吏升不上去，一般平民出身的官也升不上去。因此两晋南北朝时，政府几乎没有真正的考核制度。南北朝的时候，文官制度没落了，可以说是士族政治，讲严重一点甚至是世族把持的政治。真正做事的是佐史，但是他们没有适当的升迁机会；上级官员也不会因为做得不好而被贬职，反而可以顺利升迁。

唐代的考核制度

到了唐朝，考核又相当严格了。吏部管理的单位有一个就叫考功司，考功司负责每年考核官员的成绩，看他是不是合适。考功司当然是独立地去考察，但是每一个单位的上司也会呈报对属下的考评。怎么样呈报，我们并不清楚，大概是自由心证，觉得好的就推荐，坏的就责备，呈报到政府后，可能好的就升迁，坏的就降免。唐代的考绩制度，依据的标准有德行、才能与成绩三项。上文之所以说自由心证，是由于德行与才能都是相当主观的评定，只有成绩看得见。所以唐朝这种办法也并非真正客观。

德宗朝的陆贽、宪宗朝的裴洎，这两个人都建议过皇帝，先找一个好的宰相，让宰相去找好的首长，各个单位的首长再去找下属，下属再去找助手，每一个层级都由负责任的单位首长找到他自己的工作班底。这样的制度考核起来最清楚，指挥最方便，因为整个单位成绩的好坏，都是由首长负起全部的责任，既不能推诿，也不能逃避。这个制度的好处是责任分明，但是也有坏处，假如一个首长调任了，那是不是该单位主要的官员及助手全部都要走人？如果整个班子都换了，当新人接任的时候，是不是整个单位的工作要全部从头学起呢？唐代的吏员，也就是一般书写档案、处理日常行政工作的人，其实是常任官，因为他们不会跟着长官走。他们是管档案的，档案管久了，相当熟悉业务与先例。但是吏员并不是儒家通才教育出身，一生未必有升迁的机会，考核制度对吏员的工作成绩影响不大。

宋代的文官制度

到了宋朝，文官制度相当严密。在宋太宗时，定了一个制度：每一个单位的长官，对他的属下都有一份记录，每一天、每个月做了什么事，都要详细地记录下来。也就是说，每个长官都有一份属下详尽完整的人事档案。这档案有一部分是吏部颁给的“印纸历子”，用于让州县长官考核自己的属下。甚至还有御前发下，皇帝让长官考核属下的人事档案记录簿，用来考核大家的成绩。

1994年在江苏东海县的尹湾，出土了一批汉朝的文物，证明了汉朝也有这样的记录簿。不管是哪一位官员，工作统统见于郡县的记录。这可能是中国流传最早的有关考绩的档案了。宋朝的“印纸历子”也是很完整但琐碎的人事档案，政府就根据这些档案制定九职等（后来简化为三职等）。考核的项目也会有增减变动，比如说州县官的成绩，如果辖区内多年没有灾荒，考绩就会提高；人口增加，分数也增加；人口减少了，分数就减少。如果经过一定的年数，某一官员没有犯过错，他就可以申请提升级别。这种工作被称为“磨勘”。由字面上来看，我们就知道这是一个相当严苛繁杂的过程，等于是拿人才在磨里面打转了。磨勘工作由两个单位完成，一个是审官院，一个是考核院。审官院考京官，考核院考外官。政府考核官员的成绩，然后差遣。这个过程真的是非常苛细，资格到了才能升迁，大家按照资格一等一等升上去，真正磨掉的却也不多。

宋代名臣范仲淹，认为这种制度是循资并进地例行公事，大家依循着资格、年份，一格一格升上去，并没有什么道理。于是他制定了比较严格的考核制度，定期派官员到各地考察，成绩好的报回来，成绩不好的也报回来，政府凭成绩奖惩。范仲淹实行这个制度时有一个小故事：有一次有一个官员成绩不好，范仲淹将他的名字一笔勾销。那个人的职位是路指挥使，大约是今天地方长官的位置。旁边的人说，你就这样一笔勾销，可知道会有一家哭？范仲淹答：如果一家哭和一路哭相比，我宁可让一家哭，而不要叫一路哭。由此可知范仲淹的手腕是非常凌厉的。

王安石对考核也非常严格。王安石希望吏员的地位能逐渐提高到官员的地位，吏员的薪水也由国家给付。而且他认为，如果国家要得到专才，单靠考试是不行的，考试得到的是通才，国家应当设立文官学校，在学校里训练专才，王安石的观念是非常先进的。一直到今天，政府有考核、有审查，但仍然没有专门的文官学校训练专才，常任文官必须自己在工作岗位上学习。王安石的建议可以说超越了他的时代。

范仲淹要避免文官循资升迁的弊病，另外建立一个客观的考核制度，也是超越时代的想法。范仲淹的办法是客观地考核。但是这个办法也有缺点，当事人上司的记录未必公道，而他到时派去的考核人员又不能当面问这个人的成绩好坏，所以这一制度也不一定能够做到真正客观。

训练专才做中下级的常任官，同时以通才任决策的政务官，这样的配合比较恰当。考核多久一次，也是很多人争论的部分。在实行磨勘制度时，自己觉得年资到了，就可以申请升等。但是如此一来，一下子就有许多平庸的官员，没有过失，也未必有能力，都会循序晋升。宋朝的办法是，订立一个基本的工作时间表，文官要做六年，武官要做七年，才能申请升等。但这个办法仍然很机械，不能实现淘汰劣员进用良吏的作用。

张居正的事功

中国自古以来一直面临官员考核升迁的问题，但是也一直没有很好的解决办法。到了明朝，这种情况才有了相当重大的改变。明朝的名相张居正，在万历年间长期执政。明朝的一般情况和宋朝类似。明朝的疆域不小，花费在国防上的资源也不少。北面有蒙古，后来东北有满洲，西南面的少数民族也常有各种问题，沿海又经常有倭寇侵扰。明朝的卫所制，与唐朝的府兵制类似。后来卫所的军人也没有强大的战斗力，需要另外开拓其他的兵源，例如将领自己的亲兵，又例如少数民族组成的士兵。基本上，明朝的国防开支是很大的。

明朝官员的遴选仍然是靠科举。最初明朝的官员都是由国子监学生担任，明太祖定下的规矩是优先任用国子监的学生，也就是政府官员的候选人都是由国子监训练出来的。后来科举盛行，大多数官员就由科举出仕了。科举出身是通才，而不是专才。明朝与宋朝的情形一样，常务官是吏，政务官是科举出身的读书人。大多数读书人相当迂执，并不一定很能够明白世务。怎样考核这些官员，就成为一个很严峻的问题。

基本上唐宋两朝的制度，明朝都有。明朝设有考功司，经常考核官员，也依照等级规定升迁的顺序。但是明朝吏治始终不好，官越来越多，却没有几个真正有用的人才。

明朝的官员数量相当庞大，军队数量也相当庞大，但是政府的税收却并没有增加。明朝税收的主要来源依然是土地，没有开拓农业以外的财政来源。明朝的人口增加了，支出也增加了，政府经常闹穷，政务经常废弛。

张居正是明朝难得一见的能干宰相，也是专权的宰相。明朝的宰相制度与宋朝一样，是集体的。初期有左右丞相，后来废了相职，明朝皇帝的身边只有一群大学士。大学士的官阶原来是中等的，但是后来成为高阶。大学士是皇帝的秘书，职务是草拟皇帝发出来的命令。大学士原来不过是秘书处的成员，听取皇帝的旨意，撰写诏书，但到后来变成，皇帝没有意见的话，大学士就是决策人员了。这些大学士也不是一位两位，往往同时有好几位，其中资历最深的，或是皇帝特别指定的领班，就成为首相。首相的权力大，其他的人都只是做他的帮手而已。张居正是明朝权力最大的首相。

张居正确实相当有才干。他得到这个职位也用了一些手段，他将政敌一个个排除，同时也结交太监为内援。这些手段与长期揽权的作风，在儒家眼里都是不对的。当他母亲去世时，他原本应该回去守孝，但是他怕离开了首相的位置就回不来，居然违背了儒家传统的伦理道德观念，他请皇帝挽留他，不让他回去守孝。这一件事，在当时引起不少争议——但这些都是他个人的事情。他在官员考核方面，提出一个以往完全没有提出过的考成法[1]。他要求在执行任务时，每一位官员做报告时都要做好几份副本，一份是给任务相关的人，一份是给他的上司，一份是给当时负责监察的六科，相当于民国时期的监察院。工作完成后，同样也要送报告到这几个单位。如此一来，一个单位的工作，做了多久，成果如何，都可逐步稽核，监察人员就可以依此判断，规划的工作做了哪些，有没有在规定时间之内做完，与原来建议的方式是否相符，功效又如何。监察人员定期向政府报告，某一个单位某一个职务的某一个工作人员，他的任务是如期完成、超前完成或者是延后完成。他是百分之百完成了，还是只完成百分之多少。就这样，监察单位和执行单位之间，经常保持联络，并且定期考核。这个考成法与过去一年考核一次的方式并不一样，监察单位不断地追踪考核。

考成法

明朝的考成法是相当严密的，每一个衙门有三本账册，一本记载发文、收文、章程、计划，这是底册，除非真的只是例行性的事务，否则另外两本副本，一本送到监察单位，做好了就注销，一本送到内阁，内阁再根据情况看监察单位是否按时考察，并针对个别情况做纠举或奖励。上司衙门有权力奖惩，监察衙门也要监督各单位上司衙门的奖惩。而内阁大学士（最高的政务官），则监督监察单位和各个衙门有没有按时计算成绩，有没有一步步地核对。实行考成法的过程，也有不少文书工作，但是因为时时在做，所以不用等到年底结算，平时就可以看出一个官员的成绩是好是坏，工作有没有按时进行。如果工作有偏差，政府立刻就可以进行适当地矫正，决定是要继续进行下去，还是要改变工作方法，或是要更换工作的人。

张居正在公元1573年，也就是万历元年，建议制定考成法。许多人批评张居正做事计较得太苛细，但是张居正在任时，推行政事确实相当有成效，出了不少人才。最能彰显的绩效就是预算。明朝时国用相当窘迫，因为收入和支出不成比例。而张居正认为一定要量入为出，不许超支。假如没有考成法，政府就不能找到浮滥的开支。张居正用考成法一方面考核官员成绩，一方面适当地控制预算。明代隆庆与万历两朝皇帝都还相当能接受张居正的意见，所以当时明朝的政治比较有效率，老百姓受的苦也比较少。张居正做事苛细，做成了前人做不到的事。张居正的运气，是得到了君主的信任。明朝政府是一个真正的首长制政府，皇帝是最高首长，张居正作为首相是最高执行官。决策者和执行者的关系，起码在张居正时代，是相当协调的。

与张居正的考成法相像的，是抗日战争初期中国曾经短暂实施的行政三联制。但是戎马倥偬，这一行政改革不能有效而长久地实行。

注释

1. 臣等窃闻尧之命舜曰："询事考言，乃言底可绩。"皋陶之论治曰："率作兴事，屡省乃成。"盖天下之事，不难于立法，而难于法之必行；不难于听言，而难于言之必效。若询事而不考其终，兴事而不加屡省，上无综核之明，人怀苟且之念，虽使尧舜为君，禹皋为佐，亦恐难以底绩而有成也。臣等窃见近年以来，章奏繁多，各衙门题复，殆无虚日。然敷奏虽勤，而实效甚少。言官议建一法，朝廷曰"可"，置邮而传之四方，则言官之责已矣，不必其法之果便否也。部臣议厘一弊，朝廷曰"可"，置邮而传之四方，则部臣之责已矣，不必其弊之果厘否也。某罪当提问矣，或碍于请托之私，概从延缓；某事当议处矣，或牵于可否之说，难于报闻。征发期会，动经岁月，催督稽验，取具空文。虽屡奉明旨，不曰"着实举行"，必曰"该科记着"，顾上之督之者虽谆谆，而下之听之者恒藐藐。鄙谚曰，"姑口顽而妇耳顽"，今之从政者殆类于此。欲望底绩而有成，岂不难哉？臣居正当先帝时，曾上《便宜六事》，内"重诏令"一款，亦尝亹亹言之，随该吏部题复，欲各衙门皆立勘合文簿，事下各抚按官，皆明立程限，责令完报，然亦未闻有如期令而以实应者，甚者寝格如初。兹遇皇上躬不世出之资，励精图治，百执事亦皆兢兢务修其职业，无敢以玩愒弛废者；独所谓考言屡省者，尚未加以意焉，窃恐致理之道，有未尽也。查得《大明会典》内一款："凡六科每日收到各衙门题奏本状，奉圣旨者，各具奏目，送司礼监交收；又置文簿，陆续编号，开具本状，俱送监交收。"又一款："凡各衙门题奏过本状，俱附写文簿，后五日，各衙门具发落日期，赴科注销，过期稽缓者，参奏。"又一款："凡在外司、府衙门，每年将完销过两京六科行移勘合，填写底簿，送各科收贮，以备查考，钦此。"及查见行事例，在六科，则上下半年，仍具奏目缴本；在部院，则上下半月，仍具手本，赴科注销。以是知稽查章奏，自是祖宗成宪，第岁久因循，视为故事耳。请自今伊始，申明旧章，凡六部都察院，遇各章奏，或题奉明旨，或复奏钦依，转行各该衙门，俱先酌量道里远近，事情缓急，立定程期，置立文簿存照，每月终注销。除通行章奏不必查考者，照常开具手本外，其有转行复勘，提问议处，催督查核等项，另造文册二本，各注紧关略节，及原立程限，一本送科注销，一本送内阁查考。该科照册内前件，逐一附簿候查，下月陆续完销，通行注簿，每于上下半年缴本，类查簿内事件，有无违限未销。如有停阁稽迟，即开列具题候旨，下各衙门诘问，责令对状。次年春、夏季终缴本，仍通查上年未完，如有规避重情，指实参奏。秋、冬二季亦照此行。又明年仍复按查。必俟完销乃已，若各该抚、按官，奏行事理，有稽迟延搁者，该部举之。各部、院注销文册，有容隐欺蔽者，科臣举之。六科缴本具奏，有容隐欺蔽者，臣等举之。如此，月有考，岁有稽，不惟使声必中实，事可责成，而参验综核之法严，即建言立法者，亦将虑其终之罔效，而不敢不慎其始矣。致理之要，无逾于此。伏惟圣明，裁断施行。

…………

奏疏上去以后，奉圣旨：

“卿等说的是，事不考成，何由底绩？这所奏，都依议行。其节年未完事件，系紧要的，着该部、院另立期限，责令完报。若不系钱粮紧要，及年远难完的，明白奏请开除，毋费文移烦扰。”（张居正《请稽查章奏随事考成以修实政疏》）

第十四章

组织与效率·明

张居正曾经说：天下的事情，不难于立法，而难于法的真正贯彻；不难于听别人的建议，而难于使建议能真正地生效。

张居正考成法的概念，加上裴洎建议主管自己聘用工作人员的方法，以及双首长制衡，三种制度并在一起使用的话，行政效率的确可以提高到一定的程度。双首长是像西汉那样的制度，有权的和有能的首长分开。换句话说，皇帝有权，宰相有能，董事长有权，总经理有能，一个负责总的政策的调度，一个负责政策的执行，互相制衡。而每一级首长都有自己的部属，负责执行他的政策。加上考成法每天追踪，这样的行政体系是相当有效率的。张居正曾经说：天下的事情，不难于立法，而难于法的真正贯彻；不难于听别人的建议，而难于使建议能真正地生效。用这三个方法配合，就能善用有才能的人，使得改革能真正地贯彻到底。

企业组织的规模比政府小，部门和层级也少，企业组织实施上面的方法应该不会有什么困难。

找到人才是另外一门重要的课程。人才的选拔是训练好，还是招聘好？招聘，也就是以前的察举与科举；训练，就是培养专门的人才。其实这两种方式是可以并行的。招聘的是具有通才的人，具有宏观知识，可以做高层的决策者。他不但对本行有一定的了解，对其他方面也相当清楚。培训的是专才，每行每业，经过专门训练的人可以掌握这个工作最精的技能。从专才中一样也可以训练通才，培养有潜力的人担任高层的决策工作。通才与专才的配合，自古以来就是一个问题。以前官与吏是两条没有交集的线，吏没有升迁为官的机会，他们社会地位低、薪资微薄，没有受过专业教育。而官是通才教育下培养出来的，他们对于一些专业知识只有很表面的了解。这两截的分野，是中国古代官和吏分途后，一个很严重的问题。

最高首长：皇帝与宰相

我们在这里讨论最高级首长本身的情形。从前面的讨论我们可以看出来，汉朝的宰相有较大的自主权，宰相是政府的首长，皇帝是一个监督者、最高的决策者。汉制，平常的行政事务都交给宰相处理，宰相是有自主权力的。相对来说，唐代以后的宰相，不止一人，是皇帝的顾问与参谋团体，不再真正管理行政事务。只有像张居正、王安石等少数人，他们可以得到皇帝的信任，执行自己的政策。但是这种信任是要付出代价的，要付出排除政敌的代价，要付出与宫内有相当关系的代价。也就是说在制度之外，他必须有个人的关系，才能做一个专权自主的行政首长。

以上两种皇帝与宰相相处的模式，如果我们称汉代的情况是A型，唐朝以后的情况是B型，A型和B型是有很大差异的。A型的模式为：皇帝和宰相的关系有很清楚的界限，他们之间的冲突也比较少。如果宰相推行政务已上轨道，接下来的人就可以很顺利地继续下去，制度就建立起来了。但在B型的模式中，宰相和皇帝的关系则非常不稳定。如果君臣互信，宰相可以执行他的意见到一定的地步。但是如果君臣之间不能互相配合，或是皇帝换人，或者是宰相本身失去了政治的支持者，那么这个宰相的政策往往就半途而废。王安石的新政与张居正的考成法，在宋朝和明朝都没有成为长远的制度，就是出于这个原因。王安石在失败之后被贬到南京；张居正死后，其家族也受到相当严重的迫害，这些都令读史的人怅然。A型与B型相比，显然A型在对政情稳定以及行政效率的维持上都要好得多。

董事会组织

如果将A型、B型两种模式用于私人企业或组织，我们也可以做一个比较。一个董事会里面的董事长，当然不会像皇帝那么有权威。如果他是企业的创始者，公司是他创建起来的，这样的董事长会有较大的威信，因为他的声望、地位，大家对他的信心都没问题。但是他毕竟不是皇帝，只是一个私人集团的领袖。他做任何事都必须为整个公司的利益考虑，不能只凭喜好做事。一个任性妄为的创业者是不多见的。任何人都有退休的时候，他退休后，下一任的继承者未必仍有他的威信与地位，这时候董事会本身就必须维持一定的稳定性。假如董事会不安定，就没有办法管理整个公司，没有办法去聘请专业的总经理。同样地，如果没有办法得到董事会在安定和协调的情况下的授权，总经理也没有办法执行董事会的政策，这就是B型的情况。

权威的来源就是公司的董事会，在权威来源不稳定的情况下，公司是没有办法正常运作的。任何董事会的内争或意见分歧，都会导致政策不分明、权力不稳定的局面，而使得公司业务无法开展，甚至面临失败。董事会的安定当然是非常重要的。董事会是一个集体组织，创业者必须在董事会内制定一定的规则和次序，使得人在制度在，人走了制度依然继续，否则人亡而政息，创业者退休了，公司就垮台了。所以一个创业者必须在董事长任内确定董事会的组织，确定董事的产生方法，确定董事会是一个集体讨论、贡献智慧的组织。在集体智慧下所产生的权力，才会是有效的。人与人之间的关系是很奇妙的，若干人聚在一起时，总是会有意见不协调的地方。如果都是由亲人担任决策单位的成员，或是由共同创业的伙伴担任成员，在一个阶段内不会有什么问题，不论是大家长或是大家都佩服的大哥，都能控制住局面。但是等到董事会进入第二代，有新的成员加入，旧的成员退休，斗争就难免了。甚至亲兄弟之间、父子叔伯之间，都可能有斗争出现。这种例子古今中外多得很。

董事会毕竟是个复杂的群体，不像皇帝是个体。董事会内部的协调，本身就是一个相当复杂的问题，不能像雇用一个总经理或专业人才般雇用一个专家来当董事。董事代表的是股权，是公司所有者的权力，不是经营者可以代替的。经营者可以是专家，管理者可以是专家，但是公司的决策、公司经营的方向，必须由所有的股东或者是由他们推出来的代表共同制定，这些代表就是董事会成员。如何使这些股东取得共识？除了领导者，有时还需要一个客观的人承担协调与仲裁的工作，担任润滑剂的角色。这个人和公司的所有权并不一定有很大的关系，可能只是一个社会上大家公认很公正的人，或是投资相关机构如贷款银行派来的代表。这些人不属于公司的所有者，他们看事情比较客观，也不容易结党成系。这种客观而有远见的人加入公司的董事会，会比较容易减少冲突的火花，使得董事会讨论事情的时候比较平静，也能跳出纯粹以近利为着眼点的思维。在我国，很少有董事会，愿意接纳这样的人加入他们的决策过程。但是在英国、德国、美国的董事会组织就不大一样了。几个发展时间比较长久、发展比较好的组织，他们的董事会不是纯粹以利挂帅，而会考虑长期的功效，考虑公司永续经营的可能性，也会考虑公司在社会上的角色，所以他们延揽社会上有公信力的人士加入董事会，以减少公司以营利为主的色彩以及决策上的偏差。公司总要有人担任平衡、沟通、仲裁的角色，也正因为有这些从客观角度考虑问题的外人在，才可以将面对面时的冲突减到最低程度。

一个稳定的、可以容纳不同意见、以不同角度看待问题的董事会，可以为公司制定一个长远有效、带来长久利益、使公司永续经营的政策。这样的董事会确定了政策、确定了方向，他们就可以聘请一位符合他们需要的，能够替他们实现理想、推行政策的专家来担任总经理。总经理知道他的权力范围在哪里，任务在哪里，时限在哪里，他就可以放开手，以专家的身份去推行这个政策。他也可以聘请不同业务的专家来帮助他推行各种方案。这种方式近似于董事会像大脑，总经理像手，各种专家就像手指，由脑使唤手，由手使唤手指，这个过程是非常顺利的。当然在这些助手底下，还有许多例行性的事务、许多技术性的工作，只要他知道哪些人可以用，哪些人不能用，他就可以聘请适当的人做适当的工作。

公司的组织单位

除了董事会，一个公司同时还需要有几个永久性的常务性单位，一个是会计部，一个是稽核考察单位，还有一个是档案室。会计部是独立的，它有权控制预算的使用，有权知道决算的平衡，并不需要总经理指挥，因为它做的是有关账目的事情。会计部应当是属于董事会指挥的。稽核考察的单位也可以由董事会派人，或是从董事会里选出一些人以监事或稽查室的名义，在一旁做考核的工作。总经理工作的程序与绩效，随时有人稽查，提报董事会注意，这样对公司的运作不但不会有牵绊，还会提高稳定性。档案应当由一批不会因为总经理离职而变动的人来管理，这些人是管记录的。新任总经理到任时一定要看原有的记录，从中知道以前的成绩、过去的工作方式、前人成功与失败的原因、客户的记录……所以档案室也应该是一个常设的单位。

这三个单位是常设的单位：一个是会计部、一个是稽核考察单位、一个是档案室。除此之外，其他单位的负责人应该统统由总经理直接聘用、管理与指挥，如此总经理就有一批人可以差遣，不会有一些他差遣不动的人。所有的董事会成员，包括董事长在内，都不应该干涉总经理在他职权之内的用人方法、在他预算范围之内的花钱方式、在给他的任务范围之内的做事过程和方式。这样，总经理和董事会的职权就划分得很清楚，董事会考核也比较容易，不会有总经理说我本来要如何如何，但是董事会派给我的人无法差遣或能力不足，使得我的工作受到妨碍。当总经理有机会做这种说辞时，董事会就没有理由责备总经理没有完成他们派给他的任务。

这样的权力划分比刚刚我们所讲的中国历史上A型的模式还要清楚，每个人都明白自己的职权和任务。总的成绩就是，能使宾主都得到益处：董事会认为公司得到了应有的利润、应有的任务；总经理和他的属员出色完成了任务，除了原本应有的报酬，还应该得到一定的奖励。有功劳的人都得到一定的升迁，公司的业务扩张、公司扩大，员工工作的机会也增加，大家都可以得到好处，这些都是短时间内看不出来的、不能用金钱衡量的成果。

第十五章

形势与资源·清

今天的企业界，无不从事多维经营，在自己的事业经营之外，寻找一个没有接触过的经营方向与新的市场。曾国藩的事功就是这样的情形。

清朝是一个非常专制的时代，皇帝自己做自己的宰相，他的宰相们不过是做秘书的工作而已。最初的宰相是内阁大学士，这些人担任的工作和明朝的内阁大学士是一样的，地位相当高，也有一定的职权。雍正以后，设立了军机处，等于完全是内廷的秘书处。军机处有五六个军机大臣，没有一个人可以做主决定大事，一切都由集体决定，集体向皇帝禀报。在这种制度下，不可能有一个真正突出的贤臣能以宰相的身份对国家的事务做出有重大影响的决定。直到清朝晚期，才有权力较大的单位，也就是军机处之外新设的总理各国事务衙门，这个管对外交涉事务的单位里官员的权力较大。总理衙门的决定对国家的未来也有很大的影响。这个单位的官员可说相当于前面几个朝代的宰相了，可是他们也不过是军机大臣的首席，或是军机大臣之中重要的人物而已。

我们常讲的曾国藩，事实上也不是真正的宰相，他的主要精力并不是花在宰相职务上。他一生最大的功业是在与太平天国的战争中指挥作战时做出来的。后来他参与了中央政事，时间也并不长，贡献则以外交方面为多。曾国藩值得称道的工作，正如李鸿章的情形一样，都是在外担任封疆大臣时的事业，他们对后世有相当重大的影响。

清代的经济制度

在说到曾国藩跟李鸿章的功劳之前，我们必须先谈一下当时中国的经济制度及经济体的结构。从汉代开始，中国的经济无疑是以农业为主。当时政府能够动用的资源，一个是来自土地的税收，一个是人头税。汉代的老百姓要为政府贡献若干的劳力服务，当不做劳力服务的时候，他们要付税代役，称算钱与更赋。即使到了三国以后，租庸调的制度，一样是地租与劳役服务。所以自古以来，政府征税的对象，基本上是以农业人口为主。当然，商业也要课税。汉初工商业相当发达。汉武帝时，征取相当高的市场税与财产税，而且严格惩罚逃税者，这对工商业造成严重的打击，工商业从此一蹶不振，中国的生产事业自此就转入了农舍的手工业。农舍手工业是依附于农业的经济形式，并不是农业生产本身。这一部分农民在农业生产闲暇时间所从事的生产工作，倒并不是政府征收税的主要对象，因此作坊工业和一般商业在中国税收项目里并不是主要项目，政府也并不是很重视。

明清两代，中国经历了长期的经济上升时期，经济上升的原因很多，主要因素当是国际贸易发达，国外的白银流入换取中国的货物，中国商品销往东南亚与日本，甚至销售到欧洲。丝绸自古以来就是中国输出的重要商品，在明清两代也依然是很要紧的外销货品。瓷器与茶叶也是很有利润的外销品。明朝后半叶与清朝前半叶，中国累积的财富相当多。东南沿海、华南沿海和长江几个主要的内河口岸，地方经济发达彰彰可见。东南沿海城镇发展相当迅速，许多小城镇变为商业都市或工业生产中心，景德镇即是这样的例子。珠江三角洲、长江三角洲的许多小城镇，也都是在这个时期陆续出现的。这些地方的人口在明清两代也都有大量增长，凡此现象说明中国此时的经济体量已经达到了相当规模。但这一工商业为主的经济形式，却没有成为政府征税的税源，有用的资源放在旁边，政府并没有碰触。

明朝既要打蒙古，又要对付满洲，沿海则有倭寇侵犯，明末流寇蜂起。应付这些战事的财务支出极为浩繁，为此，明政府的财政非常拮据。但是，政府只是不断派捐加赋，并没有在田赋和人头税之外增加新的税源。农业税源之外，是有些专卖项目，但除此之外，政府并没有碰到工商业本身。即使像张居正那样能干的人，他在寻找财源时也没有在工商业方面开辟税源。

东南沿海和华南沿海一带，在明朝后期到清朝前半期是相当富足的，虽然北边战事频仍，但相对来说南方战乱少得多，流寇也并没有波及南方。为了征服东南的长江三角洲一带，清朝曾经颇花气力平定了大规模的抗战。无论流寇也罢，满洲也罢，都没有对这个最富有的地区造成重大的影响。长期藏富于民的结果是一个新的经济体出现。这个新经济体一直等到太平天国兴起的时候，才变成政府触碰的税源。

国防问题

中国的另外一个问题是国防。国防除了花钱，还要有一定数量的常备军。明朝的常备军是卫所军人。卫所是生产与训练合一的组织，长期以来是一个独立的行政单位，国家基本上不用再花养兵的钱。卫所制度逐渐败坏以后，国家还是要负担养兵费用，调动少数民族的军队，到东北去打满洲，到北方去打蒙古。然而明代也并没有全国征兵、纷扰不堪的情况。

清朝的作战武力，在前期主要是八旗，包括满洲八旗和汉军八旗，后期有绿营，都是常备军。清朝并没有像汉朝那样的全国征兵制。战乱的时候老百姓是会受到扰乱，他们的生活是会受到影响，但是不像汉唐时代全国青年都会应征服役。从财源方面说，清朝不论对外有多少战争，一般老百姓受到的影响并不算大。清朝后期自鸦片战争以后，不断受到外力的侵犯，中国吃的亏是贸易上的亏以及战后的赔款，并不是战争本身有多大的消耗。所以这些隐藏在民间的庞大人力及物力资源，实际上并没有受到太大的干扰。

中国的经济自17世纪到19世纪这几百年间，不断在往上走，并没有衰退下来。鸦片战争以后，中国经济才逐渐衰退，以至一落千丈。因为外来经济力量的干预，铁路、公路、轮船的出现，中国原有的经济网络才受到严重的破坏，民间才出现了外力侵犯所造成的经济衰退的效应。

中国经济改变

在中国经济改变，新出现一个依附在通商口岸的经济体时，政府却没有办法碰到它。曾国藩在太平天国战争时期在东南发展事业，就是靠着他能够发现这个新经济体的存在，并利用这个新经济体组织新的军队，发展新的军火工业，并从军火工业，进一步发展所谓洋务运动，将中国带进工业化和现代企业的社会。

在历代宰相中，能够像曾国藩一样做到这么大角度的转变，开拓新途径与触碰新资源的人是不多的。再从企业界的角度来看，就好比有一个大公司，一直经营良好，公司的组织、规模都是按照企业原有的工作方向和生产项目安排的。

有一天，突然出现了新的完全隐藏的资金，又有了一个新的市场，于是公司有一个干部设立了一个新的工作单位，专门去调动这些以往没有利用到的资源，开拓新的市场，创造出新的服务。再用一个比喻：今天的企业界，无不从事多维经营，在自己的事业经营之外，寻找一个没有接触过的经营方向与新的市场。曾国藩的事功就是这样的情形。

曾国藩是个传统的士大夫，湖南人。湖南在中国是个内陆省份，并不特别富足，也不特别贫穷，在长江中游洞庭湖周围，是相当好的农业生产地带。这里是鱼米之乡，农业生产足以自给，也发展了一些手工业及商业。在中国长江流域的中部，湖南算是一个中心。但是在整个中国来讲，湖南并不特别突出，只是一个普普通通的内陆省份，算不上是一个重要的中心。曾国藩只是一个内地的书生，后来居然能做出这样大的事业，这是大家都料想不到的。

曾国藩的宦途并不特别顺利，他只是考上科举，而后一步一步升到侍郎。当他的职务升到侍郎，也就是相当于今天一个部的副部长的时候，他因为家里的丧事而回籍。一个告假在籍等于半退休的在乡官员，却遇到了太平天国事件。太平天国军队是由两广往北走，走出家乡后的第一步就是湖南。对于太平军而言，打长沙是很重要的工作。打完长沙，打武汉，然后沿着长江东下，湖南忽然成为重要的战区，洞庭湖一带骚扰最多。曾国藩以一个在籍的半退休的官员身份组织了一支当地的民兵。湘勇，本来是在正常的编制之外的，是地方上的乡团、民团之类的地方部队。曾国藩带领湘勇，不断扩张军队，一步步追着太平军到南京，最后终于平定了太平天国。

湘军之起

湘军之起很不容易，当时中央政府给它的帮助也很有限。绿营，中央政府的常备军，当时几乎已经没什么用了，一碰到太平军，就溃不成军。中央政府除了授权曾国藩自行筹划所需资源，也不能够具体提供财务上的支援。曾国藩之所以能够做好这样的大事，是有一些特定条件的。先说他个人的条件：他是一个正统的儒家学者，对于朱熹一派的理学既有修养，又能身体力行。理学注重的是德行和学问并行，学问不是空谈，是要付诸实行的。实行有两个方面，一个是自己的品行，也就是砥砺德行的部分。道问学与尊德性两者不可分隔，道问学是研究学问，尊德性是身体力行实践儒家的道德。曾国藩在这方面是很严谨的，他常常反省自己的行为，一点也不敢放松。他的自我反省和朋友间的相互规劝，皆可见于其书信和日记[1]。

另一方面他也注重实学，即所谓经世之务。怎样把国家经济、社会的问题找出来，并找出解决的办法，使国家和人民都得到好处，这是儒家所谓的淑世的传统[2]。淑世的传统是一种入世的态度，为世间做事，贡献自己的心力。己欲立而立人，己欲达而达人，不只是自己做好人，也为世间创造好的社会环境。曾国藩注重淑世之学，他在家乡时结交了一批朋友，相互讨论学问。有一批比他年轻的人算是他的学生，跟着他求学问，也互相砥砺品行、讲论世事。在这样的基础上，曾国藩可以说已经有了一批同志，这些人都有为国家做事的意愿，也有为社会服务的能力。湘军开始组成的时候，多半的军官并不是职业军官，而是跟着他一起读书的朋友与学生们。这些都是湖南地方的读书种子，是意气相投，学问相切磋、品行相砥砺的一群朋友。这些人脱下儒衣，穿上短装，居然组织家乡的农夫，出头“保卫”家乡。湘军一路追着太平军的部队往外打，打出了湖南，又打进湖北，然后沿长江一直打进了南京。

这一群从未带过兵的书生，带领一群从未当过兵的农夫，组织了一个部队。他们的组织比较弹性，每一个部队的人数都不太多，由各个将领征召乡亲子弟兵，同袍之间有呼应，将帅之间意气相投、相知甚深。曾国藩的参谋部在部队规模愈来愈大时，就成了幕府了。不只是湖南的人才，连别处的人才，和他有交情的人，都跟随他为他做参谋工作。维持这样一个不算小的部队是要花不少钱的，政府也没有很多钱给他。当时政府的财政也相当拮据，多半的钱都是由农田税收得来。清朝由康熙开始，就有所谓“盛世滋丁永不加赋”的承诺，人头税均摊在地亩合计。清朝政府并不经常丈量，也就没有新税源。只靠农田税收入也是相当有限的。在人口增加、政府事务日渐繁忙的时候，税收却没有增加。历经康熙、乾隆两朝，许多公共建设及对外征伐（比如说乾隆的十大武功），都需要大笔的经费，等到太平天国起来的时候，政府的财力已经不够宽裕了。在这种情况之下，面临大规模的内乱，正常的官兵开销已经不少，哪有闲钱去管这些民兵呢？

筹募经费

政府无法给予财政支持，湘军的经费要完全靠自己去筹募。曾国藩筹募的方向之中，有一个是收厘金。收厘金是在各地的关卡向过路的商贾抽取过关厘钱。政府抽取厘金也不是全无道理的，湘军维护这条道路的安全，维持乡间的宁静，商贩付一些钱也不算过分，所以缴付厘金的商户也都没话说，缴得心甘情愿。湘军抽取厘金的地区恰好是华中、东南最富有的地区，商业活动也多。当时太平军作战的范围相当广泛，却并不能够真正有效控制占有的地区，太平军只是占领了若干线、若干点，并没有足够的能力去控制广大的“面”。湘军抽取厘金的关卡，多半是在交通频繁的乡间交通要冲。曾国藩的湘军可以靠着厘金过日子，但是太平军并没有从这里得到很大的好处。

湘军另一个财源是商会的捐献[3]。湘军不断进入新地方，有的是由太平军手上收复的，有的是还未被太平军占领的防区，他们保护那里免受太平军进攻。当地的士绅会经过商会募集资金，贡献给湘军，作为维持费。后来湘军部队逐渐扩大，不仅在长江流域有一支部队，在浙江也有一支由左宗棠带领的部队，而后又有一支由李鸿章带领的淮军出现。这些湘军、淮军的系统，大都仰仗地方的捐献，通常由当地的地方领袖组织商会，汇集这一笔一笔的款项。厘金与捐献都是过去清朝中央政府所没有开辟的财源。

注释

1. 大抵人才约有两种：高明者好顾体面，耻居人后；奖之以忠，则勉而为忠，许之以廉，则勉而为廉。若是者，当以吾前信之法行之；即薪水稍优，夸许稍过，冀有一二人才出乎其间，不妨略示假借。卑琐者，本无远志，但计锱铢；驭之以严则生惮，防之稍宽则日肆。若是者，当以来示之法行之，俾得循循于规矩之中。以官阶论：州县以上，类多自爱；佐杂以下，类多算细。以厘务论：大卡总局，必求自爱之士，宜用鄙信之说；小卡分局，不乏算细之员，宜用来信之说。

…………

三代下不矫激，不足以得美名；不要结，不足以得民心。人才以陶冶而成；不可眼孔甚高，动谓无人可用。

…………

居高位之道，约有三端：一曰，不与，谓若于己毫无交涉也。二曰，不终，古人所谓日慎一日，而恐其不终；盖居高履危，而能善其终者，鲜矣！三曰，不胜，古人所谓“懔乎若朽索之驭六马”。栗栗危惧，若将陨于深渊，盖惟恐其不胜任也。“鼎折足，覆公𫗧，其形渥凶”，言不胜其任也。方望溪言：“汉文帝之为君，时时有谦让，若不克居之意”，其有得于不胜之义者乎？孟子谓：“周公有不合者。仰而思之，夜以继日”，其有得于惟恐不终之义者乎？

…………

一门之内，迭被殊恩，无功无德，忝窃至此，惭悚何极？惟当同心努力，仍就“拼命报国，侧身修行”八字上，切实做去！

办大事者，以多选替手为第一义；满意之选不可得，姑节取其次，以待徐徐教育可也。

势利之天下，强陵弱之天下，此岂今日始哉？盖从古已然矣！从古帝王将相，无人不由自立自强做出；即为圣贤者，亦各有自立自强之道，故能独立不惧，确乎不拔。昔余在京，好与诸有大名大位者为仇，亦未始无挺然特立不畏强御之意。近来见得天地之道，刚柔互用，不可偏废；太柔则靡，太刚则折。刚，非暴虐之谓也，强矫而已；柔，非卑弱之谓也，谦退而已。趋事赴公，则当强矫；争名逐利，则当谦退。开创家业，则当强矫；守成安乐，则当谦退。出与人物应接，则当强矫；入与妻孥享受，则当谦退。若一面建功立业，外享大名；一面求田问舍，内图厚实。二者皆有盈满之象，全无谦退之意，则断不能久！（《曾国藩名言类钞·治政》）

仆寡昧不资，不自振厉，恒资辅车以自强；故生平于友谊，兢兢焉。尝自虑执德不宏。量既隘而不足以来天下之善，故不敢执一律求之。虽偏长薄善，苟其有裨于吾，未尝不博取焉以自资益。其有以谠言诤论陈于前者，即不必有当于吾，未尝不深感其意，以为彼之所以爱我者，异于众人泛然相遇之情也。

大抵事机之转，其始赖一二人者，默运于渊深微莫之中；而其后人亦为之和，天亦为之应。

无兵不足深忧，无饷不足痛哭；独举目斯世，求一攘利不先，赴义恐后，忠愤耿耿者不可亟得。或仅得之而又屈居卑下，往往抑郁不伸，以挫，以去，以死；而贪饕退缩者，果骧首而上腾，而富贵，而名誉，而老健不死。此其可为浩叹者也！

干戈之后，自缙绅先生，下逮厮役走卒，皆宜有怵惕创痛之意，以惩前而毖后；若仍酣歌恒舞，事过忘忧，漫无悔祸之意，而各逞亡等之欲，则此间之乱萌，尚恐未能遽息！

今日百废莫举，千疮并溃，无可收拾；独赖此精忠耿耿之寸衷，与斯民相对于骨岳血渊之中。冀其塞绝横流之人欲，以挽回厌乱之天心，庶几万有一补。不然，但就局势而论之，则滔滔者，吾不知其所底也！

君子直道而行，岂肯以机械崄巇与人相竞御哉？

国藩入世已深，厌阅一种宽厚论说，模棱气象；养成不白不黑不痛不痒之世界！误人家国，已非一日！（《曾国藩名言类钞·治世》）

书赠仲弟六则

（明）三达德之首曰智；智，即明也。古来豪杰，动称英雄，英，即明也。明有二端：人见其近，吾见其远，曰高明；人见其粗，吾见其细，曰精明。高明者，譬如室中所见有限，登楼则所见远矣，登山则所见更远矣；精明者，譬如至微之物，以显微镜照之，则加大一倍十倍百倍矣；又如粗糙之米，再舂则粗糠全去，三舂四舂则精白绝伦矣。高明由于天分，精明由于学问；吾兄弟忝居大家，天分均不甚高明，专赖学问以求精明。好问若买显微之镜，好学若舂上熟之米，总须心中极明，而后口中可断。能明而断，谓之英断；不明而断，谓之武断。武断自己之事，为害犹浅，武断他人之事，招怨实深；惟谦退而不肯轻断，最足养福。（《曾国藩名言类钞·治身》）

师友夹持，虽懦夫亦有立志，予思朱子言：“为学譬如熬肉，先须用猛火煮，然后用慢火温。”予生平功夫，全未用猛火煮过。虽有识，乃是从悟境得来，偶用工亦不过优游玩索已耳！如未沸之汤，遽用慢火温之，将愈煮愈不熟矣！以是急思搬进城内，屏除一切，从事于克己之学。镜海、艮峰两先生，亦劝我急搬，而城外朋友，予亦有思常见者数人，如邵蕙西、吴子序、何子贞、陈岱云是也。蕙西尝言：“与周公瑾交，如饮醇醪。”我两人颇有此风味，故每见辄常谈不舍。子序之为人，予至今不能定其品，然识见最大且精，尝教我云：“用功譬若掘井，与其多掘数井而皆不及泉，何若老守一井，力求及泉，而用之不竭乎？”此语正与予病相合，盖予所谓掘井而皆不及泉者也！

接得家书，知四弟、六弟未得入学。怅怅！然科名有无迟早，总由前定，丝毫不能勉强。吾辈读书，只有两事：一者进德之事，讲求乎诚、正、修、齐之道，以图无忝所生。一者修业之事，操习乎记诵词章之术，以图自卫其生。

进德之事，难于尽言；至于修业以卫身，吾请言之：维生莫大于谋食，农、工、商，劳力以求食者也。士，劳心以求食者也，故或食禄于朝、教授于乡，或为传食之客，或为入幕之宾，皆须计其所业，足以得食而无愧。科名者，食禄之阶也，亦须计吾所业，将来不至尸位素餐，而后得科名而无愧！食之得不得，穷、通，由天作主；予、夺，由人作主；业之精、不精，由我作主。

然吾未见业果精而终不得食者也。农果力耕，虽有饥馑，必有丰年；商果积货，虽有壅滞，必有通时；士果能精其业，安见其终不得科名哉？即终不得科名，又岂无他途可以求食者哉？然则特患业之不精耳！求业之精，别无他法，曰："专而已矣！"谚曰："艺多不养身"，谓不专也；吾掘井多而无泉可饮，不专之咎也！（《不朽的家书·读书》）

朱子尝言："'悔'字如春，万物蕴蓄初发；'吉'字如夏，万物茂盛已极；'吝'字如秋，万物始落；'凶'字如冬，万物枯凋。"又尝以"元"字配春，"亨"字配夏，"利"字配秋，"贞"字配冬。兄意"贞"字即硬字诀也。弟当此艰危之际，若能以"硬"字法冬藏之德，以"悔"字启春生之机，庶几可挽回一二乎！（《不朽的家书·待人接物》）

风俗之厚薄奚自乎？自乎一二人之心之所向而已。民之生庸弱者，戢戢皆是也。有一二贤且智者，则众人君之而受命焉；尤智者所君尤众焉。此一二人者之心向义，则众人与之赴义；一二人者之心向利，则众人与之赴利；众人所趋，势之所归，虽有大力，莫之敢逆，故曰挠万物者莫疾乎风，风俗之于人之心，始乎微而终乎不可御者也。先王之治天下，使贤者皆当路在势，其风民也皆以义，故道一而俗同。世教既衰，所谓一二人者不尽在位，彼其心之所向，势不能不腾为口说，播为声气，而众人者，势不能不听命而蒸为习尚，于是徒党蔚起，而一时之人才出焉。有以仁义倡者，其徒党亦死仁义而不顾；有以功利倡者，其徒党亦死功利而不返；水流湿，火就燥，无感不雠，所从来久矣。今之君子之在势者，辄曰天下无才，彼自尸于高明之地，不克以己之所向，转移习俗，而陶铸一世之人，而翻谢曰无才，谓之不诬可乎？否也！十室之邑，有好义之士，其智足以移十人者，必能拔十人中之尤者而材之；其智足以移百人者，必能拔百人中之尤者而材之；然则转移习俗，而陶铸一世之人，非特处高明之地者然也；凡一命以上，皆与有责焉者也。有国家者，得吾说而存之，则将慎择与共天位之人；士大夫得吾说而存之，则吾惴惴乎谨其心之所向，恐一不当而坏风俗而贼人才。循是为之，数十年之后，万有一收其效者乎？非所逆睹已！（《曾国藩传》）

2. 盐务利弊，万言难尽，然扼要亦不过数语。太平之世两语曰："出处防偷漏，售处防侵占。"乱离之世两语曰："暗贩抽散厘，明贩收总税。"何谓出处防偷漏？盐出于海滨场灶，商贩赴场买盐，每斤完盐价二三文，交灶丁收；纳官课五六文，交院司收。其有专完灶丁之盐价，不纳院司之官课者，谓之私盐，即偷漏也。何谓售处防侵占？如两湖江西，均系应销淮盐之引地；主持淮政者，即须霸住三省之地，只许民食淮盐，不许鄂民食川私，湘民食粤私，江民食闽私。亦不许川粤闽各贩，侵我淮地，此所谓防侵占也。何谓暗贩抽散厘？军兴以来，细民在下游贩盐，经过贼中金陵安庆等处，售于上游华阳吴城武穴等处，无引无票无照，是为暗贩；无论贼卡官卡，到处完厘，是谓抽散厘也。何谓明贩收总税？去年官帅给票与商人和意诚号，本年乔公给票与商人和骏发号，目下余亦给票与和骏发，皆令其在泰州运盐，在运司纳课，用洋船拖过九洑洲，在于上游售卖。售于湖北者，在安庆收税，每斤十文半，在武昌收九文半。售于江西者，在安庆每斤收十四文，在吴城收八文。此所谓明贩收总税也。（《曾国藩名言类钞·治政》）

3. 劝捐一事，此间亦自有藩篱；过尔浅易，则小民有以窥朝廷之陋，而视名器为无足重轻。捐输本非民所乐从，即奏请别树一帜，遍札州县，委员守催，官样愈多，去题愈远；不若择好友较多，地方较富之县，以鄙人肫肫之意，宣布于人。精卫填海，杜鹃泣血，或者谅我寸诚，犹有一二起而应者，亦未可知。绅以通其情，官以助其势，其并无交好，官亦隔阂之县，则不复过而相问。非爱惜道学门面，亦实见官样文章之不足集事；刍狗已陈，斯民之厌弃也久矣。（《曾国藩名言类钞·治政》）

第十六章

创业与接班·清

做大事业的人，一定要有坚毅的决心，绝对不能中途停顿下来。一旦中途停顿下来，前面的一切努力，就化为乌有了。

人的方面，湘军、淮军都是由农村里招募农民，来自本乡本土，并没有向外募集。这些人立了军功，可以因为军功而上升，在作战中又可以得到财务上的支持，也就等于一种雇佣兵。湘军、淮军人数不多而作战精神旺盛，与一般征兵来的普通充员的作战精神是很不一样的。他们的长官曾国藩组织军队是为自己的理想，而这些部下参军则是为了感情、为了保乡，成为雇佣兵之后，又为了自己的功名利禄。所以这种部队人数不多，也不够专业化，却能够在战争中训练自己，成为一支相当不错的精兵。

从打太平军的事业中，曾国藩学会了如何利用这些资源来维持大规模的长期军事活动，这些经验进而延伸到他功业里一个更重要的阶段。在平定太平军、捻军之后，曾国藩和左宗棠、李鸿章这一批人又着手进行另一个工作——中国的军队近代化、国防近代化。由此，曾国藩等人将中国带上了近代化的道路。

军队近代化

19世纪中叶，一次又一次，中国在战场上面临洋人的洋枪大炮而一筹莫展。在打太平军的将领中，第一个对洋人的枪炮轮船有很深感受的大臣是胡林翼。胡林翼是曾国藩的朋友与支持者，当曾国藩在前线打仗的时候，胡林翼负责后方支援。胡林翼在长江岸边看到外国人的轮船逆水行驶，疾如奔马，速度与载重量都不是中国的木船可以比拟的，当场就受到极大的刺激，认为将来中国的大患，不在太平天国的兴起，而在外力的侵犯。曾国藩在作战之中取得经验，也了解到一定要用洋枪洋炮，才可以打赢战争。[1] 所以湘军尽量取得外国武器，甚至雇用外籍的雇佣兵。英国军人戈登及美国军人华德，都曾参加上海之战，后来也参与其他的战役。这些外籍雇佣兵的作战方法和使用的枪炮，都让湘军的将领们印象深刻。所以他们在一步步改组自己部队时，也都模仿洋人军操，购买洋人武器。

太平天国和捻军被平定之后，曾国藩出任直隶总督，主要承担与洋人谈判的外交工作。在当时的天津教案中，他为国家承受了许多批评，却宁可自己委屈，也不愿意惹起战火。因为他觉得当时中国没有和洋人交战的实力，所以宁可多赔钱、受委屈。由于当时办外交深受刺激，他更认为中国若要自立图强非办洋务不可。

李鸿章是曾国藩训练出来的人，他在曾国藩的幕府底下做事，跟着曾国藩学习，直到后来让他自己招募部队，才建立了淮军。曾国藩、李鸿章两人，尽力要使中国几个重要的省份近代化：在北方是直隶，在南方是两江，在华南是两广。这三个地区，在太平军平定之后，由曾、李及其同僚分别建立了国防工业，上海有江南机器制造局，南京有水师学堂，福建有马尾船厂，北洋有现代装备的北洋军，湖北也有现代装备的新军，这些都是国防工作的新事业。他们办航运、办兵工厂、办钢铁厂、办电报局、开电灯厂、开煤矿、开铁矿，从曾国藩到张之洞，这一批不同地区的人员，都是为了同一个理想，就是要做好近代化的工作。

近代化的财源

近代化的财源从哪里来呢？政府没有钱，历经几次赔款，政府已经相当穷困，只靠厘金也不够了。海关税不在中国手里，自庚子之乱之后，中国的海关税是由外国人收的。在这种情况下，如何能把这些花钱的洋务办好呢？这些洋务大臣的办法是收集民股，调动民间的资源，用官督商办的名义，公家发动一个事业，由当地的士绅与商人承包去经营。这种买卖当然不会亏本。最初清朝的办法是买洋枪洋炮来装备军队，这些洋务大臣则是想自给自足，除了武器，还将制造、矿冶、运输、交通、通信……所有配套的设施，一一办起来。这些配套的装备大多是跟民生工业有关系的，也有相当的利润，所以要招收民股事实上并不困难。

从曾国藩到李鸿章，到最后的盛宣怀，他们在东南、华南、华中的洋务推动工作大多用官督商办的模式。当然，从今天的角度来看，那些企业的规模并不大，但在开创之初，也不能算小了。由无生有很难，由小变大就比较容易了。曾、左、李、盛等人在没有章程、没有前例可循、没有市场结构的情形之下，办成这些事业，的确不容易。调动民间资源，也要有相当的办法，一方面让商人指望将来的利润，甘心参加运作，另一方面劝募参加股份的士绅商人也可以得到政府的褒奖，例如，设一个虚衔，以满足募集股份有功之人的虚荣心。

洋务工作，实际上是无中生有，将中国的近现代工商业一步一步建设起来。相较于德国、日本及俄国等举国致力投入近代化的情形，中国投入的人力财力都不够大，这是中国近代史上的缺憾。但是整体上来说，这是中国近代化的开始，这一份意义是相当值得纪念的。

曾国藩的办事精神

接下来再说曾国藩的办事精神。曾国藩有一点值得表扬，就是他坚韧不拔、不屈不挠的“挺”劲。他自己说过，他做事有一股挺的精神，挺，就是挺住、挺下去，挺得过要挺，挺不过也要挺，就是要挺过难关。他是不是受过考验，是不是都能挺过来呢？有一次在安徽跟太平军作战的时候，因为战略错误而大败，损兵折将，他的好友也阵亡了。曾国藩气恼自己，投水自杀，看来他的挺劲也不是完全能够实现的。从水中被救起来后，他发誓从此以后要挺下去，不管多苦多难，哪怕前途茫茫，都要熬下去。做大事业的人，一定要有坚毅的决心，绝对不能中途停顿下来。一旦中途停顿下来，前面的一切努力，就化为乌有了。

曾国藩不贪财。左宗棠也不贪财。李鸿章是有一些财富，但是和他经手的财富相比较，也没有到离谱的程度。李鸿章在投资中也动员了自己的力量，因此得到了不少利润。他并没有卖官，或是将国家的公款纳入自己的口袋。盛宣怀倒是假公济私，为自己图了私利。以曾国藩和左宗棠而论，他们都是相当干净的，因为他们都是很好的儒家学者。李鸿章书虽读得不错，但他是个官吏。盛宣怀却不是学者。真正是学者的人，他由学问上得来的良心，应当是维持他不贪污的一个重要因素。

曾国藩肯找接班人，并不恋栈。他曾经说：要做大事情，第一个要想到的就是要找替手；等到我不能做事情的时候，谁接替我做下去。这一找替手的观念，相当重要。很多大人物总觉得舍我其谁，做到了一定的岁数，还是要继续做下去。这些大人物，总是振振有词：没有人接手，非得自己做下去不可。这种想法是一种自我期许，是自负，也是自私。这种人物的罪过是他没有训练别人接手。曾国藩就非常注重培训人才，他招揽人才到幕府做参谋的工作时，就时时观察人才，加以训练。他最早的合作伙伴左宗棠，就是他罗致训练成的一个人才。左宗棠在功名上不过是举人，但是他非常有才华，后来帮骆秉章做事情。等到湘军有了规模，曾国藩请左宗棠在浙江也组织一支部队，由南边进攻太平军。左宗棠是曾国藩提拔的一个重要助手，他提拔的另一个人才是李鸿章。李鸿章在曾国藩的幕府里原本是一个并没有什么特殊声望的年轻学者，但是，曾国藩看出这个人胆大、心细、有魄力，他就特别培训李鸿章，后来还派他去组织一支淮军。李鸿章最后真正继承了曾国藩的工作，在清朝晚期支撑大局。

培育接班人

曾国藩训练替手的观念，在李鸿章身上完全得到印证。一个能训练替手的人，就可以随时离开。曾国藩在太平军平定之后，就立刻解散自己的军队，不让自己成为拥有私人军队的将领，这样的胸襟后来的军阀没有一个能赶得上。而他回到中央政府后，以及在担任直隶总督时，总是私下注意某一项事业由某人管，只要有一人能够接下去工作，事业就不会因为他的离开而终止。曾国藩在这方面不贪图自己独占，使自己成为一个不可缺少的人物。

相对而言，李鸿章就不如他了。李鸿章也培育人才，比如说盛宣怀。虽然关于盛宣怀人品如何，今天仍然有许多争议，但是盛宣怀是个能干的人。李鸿章训练盛宣怀作为他的接班人，使得许多洋务工作可以进一步地展开。从曾国藩、李鸿章到盛宣怀以下，中国一直有一群所谓技术官僚存在。这批人的人数越来越多，从当年办洋务，到抗战前的资源委员会，抗战期间的美援会，以及后来台湾地区由美援会改成的“经合会”“农复会”“经建会”，一直到现在，都有这些技术官僚，也就是有专业知识的人在做事。中国的金融业、工业、交通业，基本上都是靠一代又一代的人做出来的成绩。一代一代，人数越来越多，也越来越专业化。追溯源头，这些人才都是从曾国藩要找替手的观念上发展出来的。

有培育接班人想法的人，才不会恋栈，不会认为“非我不可”而一直做下去。不懂培训接班人的领袖，通常他的事业及身而止，也会留下一个不可收拾的残局，因为没有人晓得如何收拾，也没有人晓得如何继续，这实在是很不幸的现象。世上许多大企业往往会犯这个毛病，许多大企业的创业者没有替自己训练真正的接班人，有人训练自己的亲属或子孙，但是并不成功；也有人太自负，只想部属互相牵制平衡，而不想让这些人接替自己的工作，到了最后企业垮了，只剩下旁人的惋惜。

掌握资源为国家做事

从秦汉到明清，在这一系列的王朝中，我们以曾国藩做一个殿军，来说明一个名臣可以为国家做一些什么事情、能留下什么重要影响。曾国藩能掌握前人没办法掌握的资源，能调动前人没办法调动的资源，他不但能看到资源之所在，更能利用这些资源去开拓新的事业，为中国开启了一个全新的视野。从企业界的角度来看，曾国藩由本来生产的范围，转到一个完全不同的事业范围、完全不同的市场，利用完全不同的资源、完全不一样的结构，才取得了一个很了不起的成绩。曾国藩和李鸿章，能够成此功业，也有一定的条件，因为那时中央衰弱，地方强大，他们才得以发展力量。同时，由于他们打下的基础使中国的东南、华中与华南具备了举足轻重的力量，革命才能够在这些地方发轫，而致成功，使得几千年的帝制王朝终于转变成为民国。

曾国藩这批人开创了一个崭新的局面，这局面以洋务为名，但事实上并不只是模仿西洋而已。这一运动的意义是在中央政府管不着的范围里，地方找到了自己可以用的力量；利用这一新的力量，构成了新的结构（新的军事组织、新的经济结构、新的权力结构），使得原本的王朝不得不被这新的结构所代替。民国成立，事实上只是继承了曾国藩和李鸿章他们留下的结构。

注释

1. （曾）国藩在咸丰十一年七月复陈购买外洋船炮折中说：

    购买外洋船炮，为今日救时之第一要务。凡恃己之所有，夸人以所无者，世之常情也；忽于所习见，震于所罕见者，亦世之常情也。轮船之速，洋炮之远，在英法则夸其所独有，在中华则震于所罕见，若能陆续购买，据为己物，在中华则见惯而不惊，在英法亦渐失其所恃。……购成之后，访募覃思之士，智巧之匠，始而演习，继而制造，不过一二年，火轮船必为中外官民通行之物。（《曾国藩传》）

结 语

我们必须设计一个结构，使得结构里个人的成分可以降到最低，组织的成分可以提升到最高。分工合作、选贤与能、因能任事、循名责实、信赏必罚，这几个原则是在所有组织的管理经营中，无论中外都行之有效的通则，即所有文官制度的通则。

本书是讨论中国历史上各个朝代，它们遇到什么样的问题，它们重要的领袖，尤其是拥有宰相身份的领袖，如何为每个问题找到解决的方法。有的解决得很好，有的则不然。这本书也讲到了个人品德的问题。早期的个例中有一些可以规劝皇帝的人，如魏徵，而晚期就看不到这种人物了。中国王朝的体制里，皇帝的独裁权越来越大，对于大权独揽的皇帝，谏官能起到的作用就越来越小。在汉朝还有一些能够真正为国家规划长远计划的人物，像萧何、诸葛亮，后来也慢慢地少了。这是因为规模已经成形，许多制度已经确立，能够变动的地方就少了。

诸葛亮、王导之类的人物，他们的工作是致力于族群的融合，在中华民族形成的过程中，不同的地区、不同的民族，在宽宏大量的领袖的领导之下，一步步走向融合。我们也讨论了南北朝的领袖，王猛、李冲……他们帮助不同的文化融合。

我们也看到唐朝的贤相陆贽、李泌，在王朝快要覆亡的时候，为国家寻找新的税收方式，调动新的力量，也在国家面临新的外来因素的情势之下，调动外援的力量。这些都是以前没有的，都是在中国一步步扩大成为东亚新的国际化社会的时候，才出现的情况。

在农业提升到了一定水平、中国的工商业逐渐开展的时候，政府才会有新的经济基础，才能有新税源。宋、明两朝的宰相，比如王安石和张居正，他们都想在现有的结构上进行修正，翻陈出新，提高效率，调动新的资源，创造条件，引导更好的经济制度。可是他们的工作基本上都只是修改的性质而已，要等到清朝晚期的时候，才有像曾国藩这一批人所做的这么大规模的改变，使得中国有了崭新的面貌。

最后到了我们今天看见的情况，这是一代又一代累积的历史的结果，每一个朝代都有这些能够尽心尽力为国家想事情的人，他们为国家做了事、为人民做了事，为中国长远的发展做了推进的工作。每一个时代，都有人尽心尽力将中国的历史方向导向我们所见的各个阶段。文化与政治体系演变的大方向，有集体推动的力量，也有个人控制的部分，但这些重要的人物是凭借他们个人的能力、修养、操守，以及韧性，才能够一个接一个推动历史的变化。虽然中间隔了几百年之久，但是在关键的时候，这些人对中国发展的方向都有一定的指引与推动的作用。这些人都是在人类历史上可以刻下姓名的人物，我们对他们充满感激与敬佩之情，我们永远纪念他们，他们也成为今天我们可以学习与效法的模范。

今天的时代和过去当然不一样了。我们有政府机关，也有私人企业，我们的经济情况也比过去更多样。我们有更庞大复杂的经济体系，我们处于国际社会里，不能再关门过日子。但不管我们的情况如何改变，我们周围的条件如何改变，若干种领袖的条件与品质还是必需的。领袖必须眼光远大，必须坚毅果决，必须胸襟宽阔，必须公忠体国；他们必定能够开创新一代的风气，也必定能够带动一批人，使其成为他们事业的继承者，这些都是重要的条件。希望我们今天不仅在政府里面有这样的人物，在民间也有更多这样的人物，一批又一批，一代传一代，让我们变得更好，也让我们的生活品质得以提升。

我们在这几个章节里面的讨论，都不外以历史的例证作为学习的对象。在这些历史个例中，哪些是治国面临的困扰？哪些是治国过程中发展的缺陷？将这些治理国家的经验，转换成为管理经营的原则，看看是不是适用于一些营利或非营利组织。在讨论的过程中，我们知道了，若干原则与方向是一个团体或社会组织（不论是国家、企业、基金会）都必须遵循的。第一是权责要清楚，第二是权力和能力最好要分隔开，执行者的工作由有所有权的人来替他做考核，第三是平时不断的稽查是很重要的。

首长本身作风理性是必需的，不能听信小人、不能逞意气、不能任用非才，因为他本身对团体负有责任。这个责任就是团体所要进行的任务，不能因为一个领导者、一个首长个人的好恶、个人能力的偏差或不足、个人的偏见而使整个团体受到损害。我们前面屡次讲到，一个人要多听建言，要多听不同人的意见。我们也讲到，一个团体最好是能够容纳许多不同的意见，使得各种意见可以有沟通与讨论的机会。不去顾及别人的意见、不去找到新的资讯来源、不去注意各种发展的机会以及隐藏性的危机，这种人是自己将耳朵、鼻子都塞住，眼睛蒙起来，虽然有手有脚，但不会有作为。即使他有再大的智慧，也没有办法突破信息匮乏的迷惘，以致一切都是闭门造车得出来的决定，完全不能和外界的实际情况相吻合。一个领导者对团体有其责任，是不可以如此任性的。我们过去常常说，治大国犹如烹小鲜，烧好一条鱼有一些应当掌握的原则，治理一个国家也有一些应当掌握的原则。要烧好一条鱼，有许多要注意的事项，要考虑各种方向、各种可能，也要约束自己不要冒失。同样，治国也是如此。我们必须设计一个结构，使得结构里个人的成分可以降到最低，组织的成分可以提升到最高。分工合作、选贤与能、因能任事、循名责实、信赏必罚，这几个原则是在所有组织的管理经营中，无论中外都行之有效的通则，即所有文官制度的通则。营利或非营利组织的管理也不外乎此。只是非营利组织存在的目的不是推销商品，而是推展某些观念和服务，其实和营利组织生产、推销产品也是一样的。

将治大国的经验用于学习管理组织，选拔贤才是必须注意的项目。在古代有科举和保任两种不同的方式，一是靠考试、一是靠推荐；现在又有学校这一训练专才的途径。一个公司不一定能设立学校训练自己所需的专才，但是现在外面有许多学校、许多科系，可以提供专业的训练。企业用人，也可经过考试，按照我们的需求，请合适的人加入我们的组织。加入一个公司、加入一个企业，其情形与国家考选公务员是一样的。为了使这些专才能够适人适任、人地相宜，企业可以举办内部培训，使这些新进人员了解公司的任务、组织与政策以及在每个岗位上应该做的事情。企业应该让同仁清清楚楚地知道这些项目，这样才能使得公司有一批好的专家做事，而好的专家也知道自己应当做什么事、可以做什么事。从历史中，我们看到了许多例子，也得到许多经验，怎样将这个团体管理得妥妥当当、怎样将自己的工作队伍组织得有效率、怎样将政策推行彻底、怎样节省成本、怎样完成任务，企业的管理也不过遵循这几个原则而已。

人物与组织，是相辅相成的因素。本书讨论了两者的交互作用，人物筹划了组织、更新了组织，而组织与制度为人物提供了工具。组织，会有老化与涣散的时候；组织内部转变，也会有因为移形换位而蓄积的张力。一个有见解与有魄力的人物，会知道怎样将张力蓄积的能量转化为新的力量，开创新局面；而愚妄与自私的人，则不免误用张力，最终走向失败与崩溃。